周宏桥◎著

跨界引爆创新

唐诗+互联网=企业创新

電子工業出版社
Publishing House of Electronics Industry
北京 · BEIJING

内 容 简 介

如果诗人是企业、格律是技术、诗歌是产品、唐诗是行业，那么中华巅峰唐诗行业大面积创新成功的机理方法与时代巅峰互联网创新模式的系统化跨界观照，将如何导出适于各行各业通行的创新视角及方法——三横六纵九大创新——生产关系的观念创新/组织创新，生产方式的商业模式创新/制度创新/战略创新，生产力的技术创新/数据创新，产品创新，服务创新，体验创新，前端内容/原材料/供应链创新，中端设计/创作/生产/制造等流程创新，后端营销/客服/售后创新等，并在此基础上抽象出规避中华民族集体潜意识的更高层级的创新原则与创新规律。

本书适于各行各业有志创新之人，也可作为商学院 MBA/EMBA/DBA 创新课程读本，还可作为了解唐诗来龙去脉的鉴赏读本。

图书在版编目（CIP）数据

跨界引爆创新：唐诗 + 互联网 = 企业创新/周宏桥著. —北京：电子工业出版社，2014.8

ISBN 978-7-121-24099-7

I. ①跨… II. ①周… III. ①电子商务－研究 IV. ①F713.36

中国版本图书馆 CIP 数据核字(2014)第 184941 号

策划编辑：石会敏
责任编辑：石会敏
印　　刷：三河市鑫金马印装有限公司
装　　订：三河市鑫金马印装有限公司
出版发行：电子工业出版社
　　　　　北京市海淀区万寿路 173 信箱　　邮编：100036
开　　本：720×1000　1/16　印张：14.25　字数：177 千字
版　　次：2014 年 8 月第 1 版
印　　次：2021 年 4 月第 9 次印刷
定　　价：59.00 元

凡所购买电子工业出版社图书有缺损问题，请向购买书店调换。若书店售缺，请与本社发行部联系，联系及邮购电话：(010)88254888。

质量投诉请发邮件至 zlts@phei.com.cn，盗版侵权举报请发邮件至 dbqq@phei.com.cn。

服务热线：(010)88258888。

献给我的父亲母亲

目 录

推荐序一

穿越时空的创新对话

英特尔中国研究院院长　吴甘沙

去年冬，小馆，宏桥已经收拾好行囊。照例，他要回到西雅图的温暖小窝，享受几个月惬意的“读万卷书”。一年的“行万里路”，宏桥已是一身疲惫。然而临行之时，他却是异常的亢奋：“这次闭关死磕唐诗！”

我恍然大悟，这将是宏桥导演的“睢阳之战”。

* * * * * *

宏桥是个介于传统文人和现代企业家之间的人。

书生意气上涌时，他是个妙人，“两句三年得，一吟双泪流”；还是个倔人，“可怜夜半虚前席，不问苍生问鬼神”。这些年来与其说他在做企业，不如说他在浮白载笔、负笈游学。

宏桥的企业家精神也是有数的。端着“守正”的架势，两次技术创业波澜不惊，于是剑走“出奇”，硬生生把“创新私塾”做成中国创新教育领域第一品牌。这奇正的本事应是传自其68世先祖、平定七国之乱的西汉名将周亚夫。

“仰天大笑出门去，我辈岂是蓬蒿人”。宏桥志存高远。早年离开官府赴美留学，已是心怀天下。偏居西雅图一隅，在微软自个的办公室里，方寸之地的格局，未免缚手缚脚。回国潜心打造“周宏桥”这款产品，“板凳坐得十年冷，文章不写半句空”。而今“春风得意马蹄疾，一日看尽长安花”，长安于他而言又是小了。

去年一次小饮，席间宏桥心往神驰：下一步从美国切入，把红旗插遍全球。我以为是酒劲上来的胡话，中国这边正是山花烂漫，何苦去那是非之地。何况宏桥创新兵法的中国韵味太浓太醇了，用英文说“道、法、术、器、例”

无异于把国画 PS 成油画。

后来听说宏桥在遍寻翻译高手，一个能像葛浩文（Howard Goldblatt）那样把莫言作品的灵魂变成另一种语言的人。我暗自惭愧，他从来是头也不回走自己路的人。然而，葛浩文成就了莫言，奈何无数汉语作品无此之幸。我告诉宏桥，刘慈欣的《三体》也有了英译本，他搓着手追着问：在哪有卖？是谁翻译的？我要找他。仿佛是一个血气方刚的年轻人。

周亚夫平定七国之乱的巅峰之战，不解睢阳之围，却驱兵南下夺取泗水入淮之口。这个冬天，宏桥正是“马思边草拳毛动，雕眄青云睡眼开”。

* * * * * *

两年多前，上海，宏桥做东，我们东拉西扯还是回到了他的创新兵法。其时，《就这么做产品》第 2 版刚刚面市，我坦率地谈了我的两点看法：一是招数略显繁杂，如同“南慕容”的博，输于“北乔峰”的简；二是全是干货，稍逊可读性。话说出口，我心里嘀咕：这两点似乎是左右互搏的，招数愈简一定愈抽象，也必然远离大众性。宏桥想要把降龙十八掌放到普及教育里，把李杜的诗推销给白居易的受众，何等之难。

宏桥不以为忤，把凳子搬近了一点，神色飞舞地说道：山人自有妙计。

宏桥的想法让我豁然开朗。

《就这么做产品》也好，《就这么做创新》也罢，这些都不是他心目中的传世之作。但他心里确实有那么一部，是冠以“周宏桥”之名的。他要做的是，在每年八个月在商学院 EMBA 教学以及与企业一线创新实践者的切磋中，逐渐化繁为简，凝炼成几招数式。后来合此两书精华升级为第 3 版的《半面创新》，将守正出奇模型浓缩于“半”字和“面”字几个笔划中，毫无疑问是他的自我革新之举，纵使“半面”仍未臻化境，这条路走下去，也必然是“星垂平野阔，月涌大江流”。

“半面”创新体系是一个平台，在平台不断演进的同时，宏桥还要做另一件事：就是做平台的衍生产品，或者说化面为点，在某个或某些单点上专注用力，在某些招式上琢磨细节，形成一本本“卫星书”，与《半面创新》互相拱卫，共同演化。

两年后的这个冬天，宏桥就是在写第一本卫星书。“半面”的蓄势是睢阳之围，而这本卫星书则是夺取泗水入淮之口。

我料到了这一点，我甚至想到宏桥会一如既往地大跨度嫁接创新与中国历史，却没有料到他竟然从唐诗开始。

* * * * * *

大跨度嫁接的手法正是时尚，比如最近把科幻小说《三体》和互联网思维进行碰撞。

宏桥出身学者之家，文史造诣让人艳羡。即使这样，用唐诗来诠释创新，让唐诗跟互联网跨界对话，还是让我瞠目结舌：宏桥啊宏桥，你还是学究气挂帅！

宏桥在讲创新时，常常会引用历史，最脍炙人口的桥段是讲“一命二正三出奇”的“法”时，拿汉初“骑马的步兵”剖析“命”或者班子机制，又以程不识和李广为例讲“守正”与“出奇”不能辩证统一的问题。这种穿越时空的修辞让人有心意暗合之悦。

然而，把传统上在文学之列的唐诗与互联网扯上关系，前人评李白诗“发想无端”，也莫过于此。

其实，除了自小诵读，唐诗这个课题，宏桥已经苦心孤诣揣摩了多年。这个冬天，他又伏案重读唐诗万首，终于找到了一个独特的切入角度，以唐诗为行业、诗人为企业、格律为技术、诗歌为产品，穿越千年与IT、互联网行业、企业、技术和产品同席论道。

从卫星书的角度去看，这本书在“道、法、术、器、例”体系中用力于“例”，试图用唐诗与互联网的观照来着重演绎“半面创新”的“半”字第一横，即“三横六纵”的企业通用创新方法，当述及产品设计流程时也对“面”字“三极四导向”略作了阐发。

这是目前为止宏桥的几本书中最具可读性的一本。一方面是话题更为专注，而另一方面是诗的意象美。

三横之中，各有名句点题：

◇ 生产关系创新——观念创新 / 组织创新：问渠那得清如许，为有源头活水来；

◇ 生产方式创新——商业模式 / 战略创新：朝辞田舍暮登堂，千首诗轻万户侯；

◇ 生产力创新——技术创新 / 数据创新：不知细叶谁裁出，二月春风似剪刀。

而六纵的题眼采用上下阙各取不同诗人的名句接龙，更是让人拍案叫绝。

◇ 产品创新：请君莫奏前朝曲，琵琶起舞换新声；

◇ 服务创新：惟将终夜长开眼，蓬门今始为君开；

◇ 体验创新：乱花渐欲迷人眼，心有灵犀一点通；

◇ 前端创新（内容 / 原材料 / 供应链等）：五岳寻仙不辞远，读书万卷始通神；

◇ 中端创新（设计 / 创作 / 生产 / 制造等）：为人性僻耽佳句，成如容易却艰辛；

◇ 后端创新（营销 / 销售等）：文章已满行人耳，天下谁人不识君。

宏桥的想象力可谓无远弗届，文中出现了大量类比：如“天下文宗”王维与体验创新大师乔布斯，纵横时空格局的李白与供应链系统，同是产品设计高手的杜甫与特斯拉 CEO 伊隆 · 马斯克，白居易与互联网在快速迭代和营销传播上的相似之处。读来不觉莞尔。

* * * * * *

“人文作为平台、科技作为插件”，这是工程师宏桥的人文情怀。然而，人文情怀“好看”，却未必“好吃”。

这一场穿越千年的对话，首先必须是有料的，对于创新者有实战的启示；其次是能在相隔千年形成对话感，不至于一个话题，各自表述。而作为读者，最大的享受是代入感，从感同身受，到按图索骥，最后茅塞顿开。我有这样的体验，略举一例。

宏桥的创新之“法”是“一命二正三出奇、四用地利五任势”，而“命”即组织的体制机制最为重要。我任职的英特尔中国研究院强调“预变”（pre-adaptation[⊖]）和“创变”(change-making)，亟需进行组织创新，形成自上而下和自底向上互为支撑的创新机制。

恰巧拿到宏桥的手稿，联想到一个关于穿越的问题。常问同事朋友，如果你能够穿越，你最想回到哪个朝代？多数回答唐朝。于是我开始从本书中寻找答案。

答案在第 2 章“问渠那得清如许，为有源头活水来”。

唐诗为什么能够形成群星璀璨的盛景？读罢方才释然，唐诗百花齐放后面是唐朝政治形态的开放，观念和思想的充分竞争，儒、道、佛甚至景教(基督教一支)、伊斯兰教的兼容并蓄。如李白“遍观百家”，王维“以佛入诗”，韩愈尊儒黜佛而柳宗元佛儒相融。诗人胸襟开阔，个性伸张，不畏权贵和权威（如李白“我本楚狂人，凤歌笑孔丘”），选题百无禁忌，江湖与庙堂之间、不同流派之间“君子和而不同”。“王侯将相宁有种乎”的大众创新，与诺贝尔经济学奖获得者埃德蒙·菲尔普斯《大繁荣》所述殊途同归。

宏桥十分应景地把笔锋转到时下的热点——互联网思维。互联网的自由、开放、平等和分享以一种更深刻、彻底的方式复兴了大众创新，每一个人都能有自己的声音，每一个人的声音能够被听到。面向企业的 2B 逐渐被以用户

⊖ pre-adaptation 是一个生物学概念，指进化中某些特征提前出现，但不显得重要，但环境变化需要时，这些特征真正适变形成关键的功能。如鸟类的羽毛，刚进化形成时是以调节体温为目的，但在环境需要时适变成以飞行为目的。

为中心的2C“日食”，2C又被更大自主性的P2P（对等网络）、C2B（用户决定企业提供什么服务）、F2C（厂家直接针对用户需求生产）等取代。草根创新改变了整个生态：从有限的传统软件开发商到应用商店的无数应用开发者，从外包到众包，从用户变成产品设计参与者，从封闭式、规模化的生产变成开源硬件、创客运动和个性化生产。宏桥关于互联网思维的总结——一个中心、两个基本点——十分切确、周至、凝炼。巧合的是，宏桥关于农业、工业和互联网三大文明的概括，与清华大学魏少军教授的观点如出一辙。

在马克·安德森“软件吞噬世界”的当头棒喝和马化腾“互联网+”的循循善诱中，传统行业、非科技公司的互联网化也迅速蔓延。互联网最早变革了传媒（老牌纸媒纷纷倒下或转型）和商业（电商吞噬实体零售），现在又在变革教育（如大规模在线开放课程MOOC）和金融（互联网金融），互联网重组着社会权力结构，让长尾用户（屌丝而非高富帅）获得服务，主导体验（不再是精英决定）和传播（即宏桥所说的社群+口碑思维），解决或缓解信息不对称（不再能靠信息不对称赚钱），降低使用成本（接近免费）。面临诸多挑战，对于传统公司来说，与其照猫画虎学习互联网企业的产品和渠道，还不如先变革组织。

读到这一层，已经有了很强的共鸣感。我们也在试图做组织的变革和创新，然而，“自下而上”不是圣杯，如何解决无序问题？员工都在做自主创新，原来的项目怎么办？怎么保证既得利益者（经理们）的积极性？按照宏桥的话来讲，组织创新要解决“屁股（利益）决定头脑”的问题。

本书里宏桥并没有全面解答，只是给出了最优解——二元组织：把当前业务和创新业务在体制结构和机制文化上分开，为创新业务创造独立的架构（集中式结构）和文化。腾讯的微信固然是个绝佳的例子，毕竟天下独此一号，而我们（包括很多传统公司）已经存在的分散式结构，看起来成功的概率甚微。

还好，宏桥还留了一手——参考平台书《半面创新》。我按图索骥找到该书“组织体系”一章。宏桥在这里对于职能部门和项目的关系有全面的讨论。我们员工目前所处的组织是职能部门，而自底向上推出的创新以项目方式呈现，这是一种弱矩阵，成功率还是很低，怎么办？

继续往下读，硬件的体制结构不给力，就要靠软件的机制文化。首先是上下一致的价值观和内外双因素激励，这是员工愿意挑战现状、管理者也愿意冒险扶持创新的土壤。其次是权利和责任统一的绩效管理：从员工层面看，需要获得一定的资源支配权力用于创新，包括来自中央预算或职能部门的财权和基于自发自愿的跨职能部门的人力资源（如 20% 时间用于创新），绩效方面同时考核其本职工作（80% 时间的责任）和创新成果；而就管理者而言，需要把支持员工创新方面的投入计入 KPI，同时员工的创新成果也计入其绩效。

一路读来，一路思考，即使还没得到 100% 的答案，思路已经是豁然开朗。

* * * * * *

关于创新，宏桥意犹未尽。在全书的最后一章，他站到了更高的层次，诗人也好，企业也罢，这些都变小了，成为了第二秩序（second-order）的问题，他的“第一秩序”问题成为“如何在当代中国环境下创新或如何避免创新覆辙”，以及“当今全球化、互联网时代的东西方文明之争，人类精神何去何从”。振聋发聩，发人深省。

* * * * * *

新书翰墨正香，评论界和读者是否买账，尚未可知。宏桥在乎吗？多少应有一点。但一城一地之得失不会让他踯躅。“睢阳之战”后的下一个大战场，在大洋彼岸的拉斯维加斯，期待几年后在全球消费电子大展（CES）上宏桥的全球扩张战略初战告捷！

2014 年 7 月

推荐序二

小序

北京大学常务副校长 吴志攀

北大校友周宏桥先生的新书《跨界引爆创新：唐诗＋互联网＝企业创新》即将付梓，作者嘱我写序。拜读了书稿之后，我确实有一些感想，在这里写下来，谨供读者诸君参考。

讲企业创新的书早已汗牛充栋，其中有不少都拿中国传统文化中的元素——比方说老庄、申韩，又比如“四大名著”——来古为今用，或者借题发挥。我偶尔翻过其中的一两本，觉得也挺有意思。这样的写法，其实很考验作者的功力与眼界，没有把古书读透、读烂，没有读出其中直指人心的东西来，那就很难写得出彩。现在，宏桥校友用唐诗做引子，又加上“互联网思维”，铺陈出一章又一章企业创新的道理来，这当然很大胆，也很吸引人。

中国有“诗言志”的传统，所谓的“志”，包括了诗人的情感、志趣，当然也包括了诗人对人生、对世界的理解。比如苏轼的《题西林壁》：“不识庐山真面目，只缘身在此山中”，比如白居易的《放言之三》：“赠君一法决狐疑，不用钻龟与祝蓍。试玉要烧三日满，辨材须待七年期。周公恐惧流言日，王莽谦恭未篡时。向使当初身便死，一生真伪复谁知？”还比如陆游的名句：“山重水复疑无路，柳暗花明又一村。”再比如李商隐的：“历鉴前朝国与家，成由勤俭败由奢。”这样的例子太多。很多的诗，表面上看在写景、写情，但其实饱含了哲理，充满了“理趣”，仔细琢磨其中的道理，会很有味。

当然，空洞说教、为了讲道理而讲道理来写诗，那也不是正途。毛主席在《给陈毅同志谈诗的一封信》中说：“诗要用形象思维，不能如散文那样直说，所以比兴两法是不能不用的。宋人多数不懂诗是要用形象思维的，一反唐人规律，所以味同嚼蜡。”毛主席指出的这一点，真是不刊之论。

正如钱钟书先生所论，唐诗之中，自韩愈、白居易以降，也有“爱讲道理，发议论；道理往往粗浅，议论往往陈旧，也煞费笔墨去发挥申说”的不好的风气。但是，唐诗总的来说，气象是宏大的，风格是清新的，感情是真切的。恰恰是从这样的诗里面，读出“情理之中、意料之外”的道理来，更让人感到意味深长。所以宏桥校友选择唐诗做引子，是有深意的。

据我所知，作者对唐诗有“童子功”，从小就下过功夫。不过在高考时，父亲一定要他学理工科。他跟我说，他名字中的“桥”字，就是因为父亲毕业于同济大学，同济专精于修路造桥盖房子，所以父亲也希望他做个工程师，所以他在北京大学学的是计算机，毕业后到美国留学和工作，也都是在信息技术行业。不过，他虽身在信息科技前沿，但心里一直念念不忘唐诗。在美国的他，很难用英文和计算机编码来表达盛唐的气象，所以一直“压抑”着、等待着，也积累着。等他回国著书讲学时，这许多蓄积胸中的诗情、诗意、诗理，终于喷涌而出了。

我于文学艺术是彻底的门外汉，但也发自内心地喜欢诗，喜欢与爱诗的朋友交流。宏桥校友现在做的这番事业，令我羡慕。他所讲的企业创新的道理管用不管用，自有企业界的读者去评判，但他对唐诗的这种痴迷，是我必须引以为同道的。他的胆量大，语言流畅，思维奔溢，感染力强。我佩服他丰富的联想能力，江河奔腾，也喜欢他的妙语连珠，穿越时空。

宏桥校友十分熟悉美国的微软、谷歌和脸书等，也了解中国互联网中的“BAT”，他还长期关注市场中不断涌现的后起之秀。在这个领域，他就更加是专家了。读他的书稿，也让我学到许多互联网创新的知识，也似乎多懂得了一点隐藏在水面之下的行业秘密。特别是他能巧妙地将我所喜欢的唐诗融入其中，如同帮我架起了“桥”，使我可以在享受阅读的乐趣的同时，更好地理解有关互联网企业的新知识。

以上是我拜读书稿后的一点点感想，也郑重向大家推荐这本书。

2014 年 7 月 5 日

自　序

今人不见古时月，古月依旧照今人

——引爆创新的支点是要素析构再跨界重构的关联整合能力

今人不见古时月，今月曾经照古人。

——（唐）李白《把酒问月》

教学相长——本书缘起

本书灵感起于2011年6月给百度搜索引擎组的一堂课，可能是我常引唐诗串接上下文，并把文学、艺术等作品作为产品与互联网产品交叉分析，高级经理桑文锋学员问我能否单讲唐诗宋词的创新，课后还邮件我“宋词与创新”，把他理解的宋词创新点和我讨论。

我更喜欢唐诗。除了从孩提时代咏诵至今，20世纪90年代赴美留学时，为了省钱，在飞机所能允许托运的重量范围内尽可能带足衣物及生活用品，最后一称，还剩两本书的重量，精挑细选，一本选了微软比尔•盖茨的《未来之路》，一本选了《唐诗宋词元曲三百首合订本》。

选前者是谋生，我的专业是计算机，赴美也是学计算机，而彼时微软是业界霸主，是我规划毕业后打工混资历的首选；选后者是兴趣，我喜文史哲艺，文学中尤好唐诗，编程累了翻几句调剂，或兴致高时打油一首聊发少年狂。

当然那次课前，我读的都是唐诗作品及鉴赏，之后三年则翻阅了自唐至今一千三四百年间古今中外唐诗研究的几十本名著，终于梳理出了唐诗创新的全景框架——当然是以诗人作为企业、格律作为技术、诗歌作为产品、唐诗作为行业的视角，并一一归类，再触类旁通到当今互联网创新。

在第 3 版的《半面创新》2013 年 4 月出版后，时间腾了出来，我随后用了半年来设计取舍全书的总体架构、各章起承转合和伏笔设接；与此同时，在我任教的十几所大学商学院 EMBA 和 DBA 讲授创新时，都会把研发出来的新内容穿插其间试讲，以启发这些来自全国各地的老总们思接千载、横贯中西、举一反三、心游万仞，反响反馈极其热烈，而这些热烈的情绪同样感染着我，一次在给海外大学在中国的管理博士班 DBA 上课时，意兴盎然，血压高亢，不得不中断 20 分钟服药降压。

人文 + 科技 = 创新——本书结构

人类三大文明：农业文明、工业文明、信息文明。大格局视角，农业文明时代中国独领风骚，工业文明则风水轮流转至欧美，而信息文明时代隐见东西争霸。

农业文明的巅峰在唐宋，物质领域我们 GDP 全球过半，四大发明的三个产出其间，精神领域有着唐诗宋词的创新创造，它使中国成为全球唯一的诗国，每个中国人，天涯海角，历朝历代，不会作诗也会吟。

基于此，我将梳理出来的唐诗行业大面积创新成功的机理与方法作为平台，类似于当今苹果 iOS 和谷歌安卓，而将互联网时代的各项创新创造作为 APP，下载于平台相应的接口上，如图 0-1 所示。

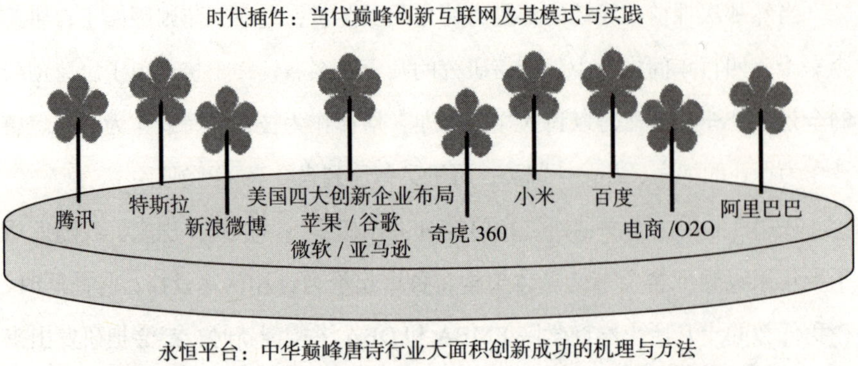

图 0-1 人文为平台、科技为插件；人文为目的、科技是工具

2013 年 12 月回美国动笔写作到 2014 年 6 月交稿，半年三易其稿。第一稿纯写唐诗创新，9 万字，仅留对接当代创新的接口；第二稿扩张接口以对应互联网创新，增加了 9 万字，将科技接入人文平台；第三稿将人文与科技两大领域尽力水乳交融，打磨精简了三分之一到 12 万字，就是读者手中的这款产品，是谓“人文＋科技＝创新”。人文是平台、科技是插件；人文是目的、科技是工具，二者比例控制在 51%:49%，平台控股，插件翻新。

引爆创新的支点是跨界关联整合能力

“李杜文章在，光焰万丈长”，正如唐诗行业彪炳千秋的两个代表李白、杜甫，信息技术行业对应的则是乔布斯和盖茨。就关于什么是创新创造力，盖茨认为是把一眼望去看似无关的领域以一种奇妙的方式联结起来的能力，乔布斯则认为是把事物关联并整合起来的能力，他举例道，“ Mac 之所以伟大，是因为创造它的是一群诗人、音乐家、艺术家、动物学家和历史学家，而他们恰恰还是世界上最好的计算机科学家”。亦即先用分析思维进行要素析构、再用综合思维进行跨界整合，而这种旧材料的新综合依赖于科技与人文艺术、理性与直觉灵感的相互观照。

哈佛商学院管理学者 Jeffrey Dyer，Hal Gregersen 和 Clayton Christensen，通过对 25 名创新型创业家、500 多名曾创办过创新型公司或发明过新产品、3,000 多名经理人高管长达六年的研究，总结出的创新创造者共有的五项特质：观察（Observing）、关联（Associating）、质疑（Questioning）、试验（Experimenting）和交流（Networking）。其中关联力——把看似无关的东西成功关联起来的能力——是引爆创新的支点，因为观察是将大千世界的离散信息转化为电位信号存储在大脑皮层上，而创新就是把这些离散电位信号关联整合——旧要素的新综合，交流是为了更好的关联，而关联之后才是质疑和试验。

将跨界创新系统化——本书设计为三大板块

第一板块是创新概要 概述唐诗行业是如何产生、发展、创新及演进的。与之类比，信息文明的第一标志是 PC 飞入寻常百姓家，那么 PC 行业又是如何产生、发展、创新及演进的。两大行业乃至其他一切行业是否有着相同的演进与创新的规律？如图 0-2 所示。

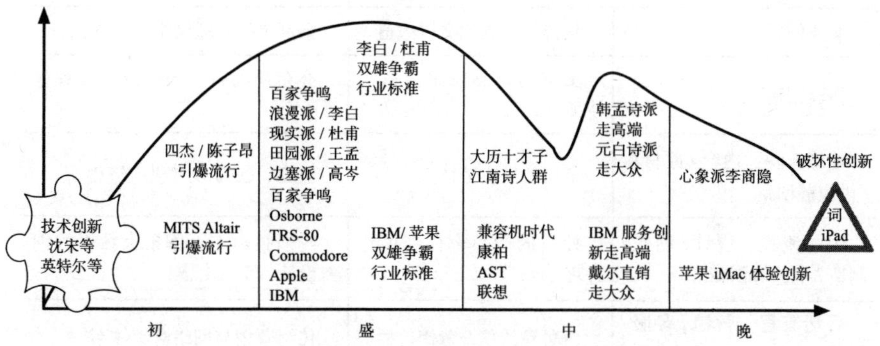

图 0-2 唐诗行业与 PC 行业演进对比分析

第二板块是创新方法 从第一板块归总出行业内最重要的九大创新，

如图 0-3 所示，从唐诗行业展开各项创新发生的机理和发展的细节，并触类旁通到互联网时代的企业创新，如表 0-1 所示。

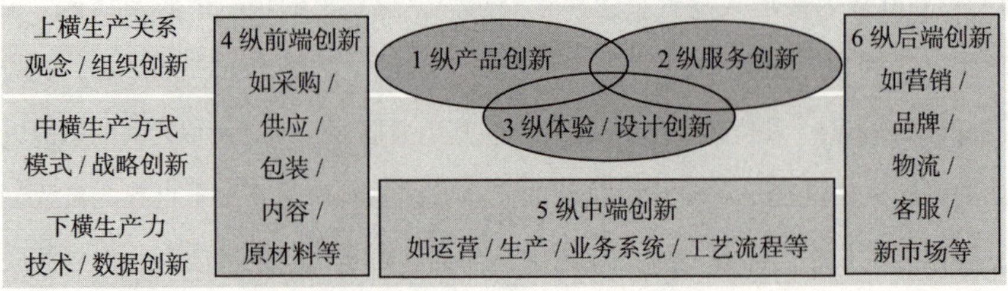

图 0-3　行业链三横六纵九大创新分类

表 0-1　唐诗行业与互联网 / 信息技术行业举一反三类比表

企业通行的九大创新	唐诗行业创新全景	互联网 / 信息技术行业创新全景
生产关系：观念创新 / 组织创新	儒释道开放竞争的思想市场	互联网思维 - 苹果 / 小米；组织创新 - 微信
生产方式：商业模式 / 制度 / 战略创新	科举制	360 创新；BAT/ 美国四大企业战略创新
生产力：技术创新 / 数据创新	格律技术	软硬件 / 互联网技术；技术创新切入方法
产品创新	李杜之后的八大创新	BAT 之后如何创新？新浪微博等
服务创新	从诗以言志到文以载道	余额宝等互联网金融服务创新
体验创新	王维的诗画音乐混搭与诗禅	乔布斯的科技人文混搭及睿智禅心
前端流程：内容 / 原材料 / 供应链创新	李白的供应链体系	电商、O2O 及其供应链创新
中端流程：设计 / 创作 / 制造 / 工艺等创新	杜甫的产品设计与创作过程	特斯拉汽车；基于大数据的创新设计
后端流程：营销 / 客服 / 售后等创新	白居易的整合营销传播	传统营销与网络营销体系

第三板块是创新总结　爱因斯坦曾言，同一思维层次解决不了同一思维层次产生的问题。我们希望获得创新创造之方法利器，就要站在比方法论更

高的思维层次。本部分从十大企业（诗人）——四杰中的骆宾王、陈子昂、王维、李白、杜甫、岑参、韩愈、白居易、李贺、李商隐的横向对比中提炼出创新创造的一般原则和规律，亦即所谓的产品精神、民族精神及时代精神，来回答如何在当代中国环境下创新或如何避免创新覆辙，以及当今全球化、互联网时代的东西方文明之争，人类精神何去何从。

预备知识概要——唐诗与互联网及信息技术行业

中国历史与文学行业的总体演进如图 0-4 所示，其中突起部分是唐（618 ～ 907）。

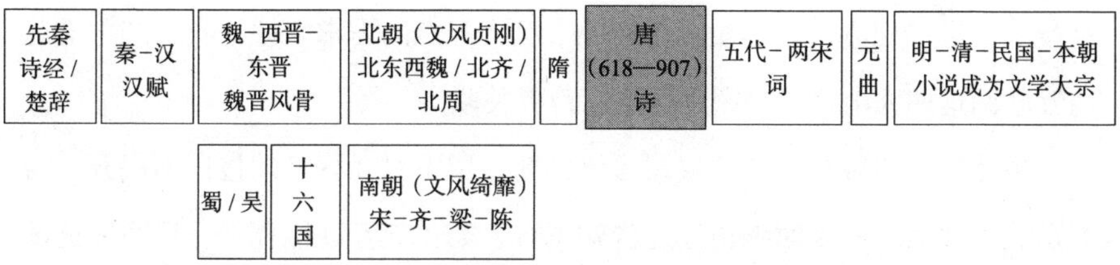

图 0-4　中国历史与文学总体演进示意图

从消费者视角的互联网与信息技术行业的总体示意如图 0-5 所示。

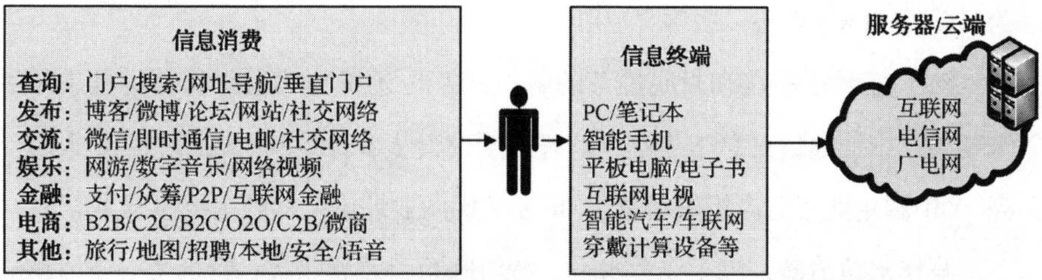

图 0-5　消费者视角的互联网与信息技术行业总图

致谢

最要感谢我的父母，他们在大学任教，终身清贫，却给了我人世间最宝贵的财富：物质财富的两张图书馆的借书证，以及精神财富的自古传承的价值观——“万般皆下品，惟有读书高”，使得我从孩提开始，与书相伴成长。特别是在那个“学好数理化，走遍天下都不怕”的时代，他们放纵我凭任兴趣任意阅读我喜欢的文史、艺术等各类“无用”之书；同时，又在需要功利的高考及志愿填报那一瞬，在那个闭塞年代，以他们的远见为我填出了正确的时代方向——计算机。

其次，感谢百度桑文锋学员。我奉尼采“自由就是创造”为圭臬，40岁后步入人生下半场的我以自由自在地“读书、教书、写书”为业，教书是与高端学员反馈交流，教学相长。而他一次不经意的需求之议让我头脑中文艺与互联网这两大电位信号密集区得以跨界关联。

再然后是出版社。首稿仅写唐诗创新，留下对互联网的接口不展开，写完后我去休假，回来时编辑读完告知不行，需扩充互联网创新；等写完这部分后，编辑建议砍掉唐诗，因它是小众，只互联网就能畅销，这次我说不行，理由是我想“六经注我”，而非“我注六经”；最后是二者融合，我与编辑在北京几次沟通终于在段落级完成融合，还有融合比例的拉锯，结果折衷为目前的51%∶49%，唐诗“控股”。

除了感谢在序言和封底推荐的各位朋友，还特别感谢原科利华董事长宋朝弟、中捷通信副总李建辉、上海健顺投资董事长吴滨、饭团网创始人赵亮、《中国企业家》高级编辑萧三匝、《哈佛商业评论》助理主编钮键军等。

写作永留遗憾，限于作者水平，特留邮箱请读者赐教；特别是书中诸章有我写的不少打油诗作，以及在无须押韵的第三句采用中英混搭，期望李杜们在天之灵能容忍晚辈的孟浪。

2014年7月5日

以诗会友，以友辅仁

——首版重印之际补读者反馈并致谢感恩

2015年5月19日

本书于2014年8月底首版首印，9月上市后我每个月都收到全国重量级读者的反馈，择2015年5月重印时补记一二并致谢感恩。

唐诗业界：2014年9月中旬，著名辞赋作家、诗人兼中国王维研究会副会长王志清教授来沪，我那天上午讲完课后急急回赶，志清君已到我小区，迎至家中畅聊，然后设午宴款待，志清君即席赋诗相赠，是真名士自风流，我也只能硬着头皮边吃边搜肠刮肚，回诗反赠，不负古风。

10月6日我生日，在美国家中休假，接到一个口音浓重的老人家电话，他自我介绍是傅璇琮，说把书连读两遍，称是开创性，愿著文推及唐界，并介绍我参加10月中旬在苏州举行的唐代文学国际学术研讨会，兴奋得我跳将起来。八十多岁高龄的傅先生是前任中国唐代文学学会会长、中华书局总编及国务院古籍小组秘书长，这个电话成为我最美好的生日礼物。后在苏州在其大弟子卢燕新博士及志清君帮助下，得以结识唐界诸多大家。

科技业界：9月底，收到中国计算机学会CCCF秘书长杜子德先生转我的前中国科学院计算所所长、中国计算机学会会长李国杰院士的邮件：周宏桥将诗人喻为企业、格律喻为技术、诗歌喻为产品、唐诗喻为行业，将唐诗的形式和风格与互联网企业的创新模式进行系统化的跨界对比，读后令人耳目一新。CCCF难得有这种文采奕奕的文章。希望以后多发掘这样的人才，丰富CCCF的内容。

12月1日，我给宝钢集团科技骨干上课，原集团科技部部长、现人才院龚斌院长陪我吃饭，他说是认真读完了我“半面”和“唐诗”两书后请的我，并问我下一本要写什么，我说还没想好，他指出“半面”是归纳，“唐诗”是演绎，从理论构建角度应再写一部“假说”才圆满自洽，令我醍醐灌顶，晚上辗转反侧，第二天邮件院长“听君一席话，胜读十年书，真吾良师也”。院长回邮鼓励：“知识渊博，古今中外，文史哲工，全面贯通；必成大器，指日可待。”我回邮感恩，必当“终日乾乾，夕惕若厉，方不负一行此生”。

企管业界：来自产业界与商学院的反馈最多，篇幅所限就不一一列举，仅以 2014 年 9 月 20 日收到的目前最长的读者反馈附后：

《唐诗 + 互联网》读后闲语

北京大学国家发展研究院管理学教授兼 BiMBA 学术委员会主任　马浩

宏桥先生：

收到同事转来你的大作，感谢。周五晚上出差，没能赶上你在 BiMBA 的讲座，甚憾。花了两个晚上拜读你的大作，思绪飘逸、感慨良多。总体感觉通透、通达、通润，而且浓郁、质感、鲜活。通过大气磅礴和生机灵动的文字与一个充满智识和才情的作者意会神交，自然是一个令人亢奋和愉悦的过程。

近年，我日益强化着一种偏好，就是理工科学子中文笔好的人是靠谱的，系统严谨而富于想象。你的成就无疑印证和加深了我的偏见。你在诗歌天地和计算世界的广触博览与上下求索，堪称稀有组合，独特而又浪漫。诸多洞见与妙论，令人拍案称奇、击节赞叹。几番比拟与辨析，使人会心莞尔、思绪翩跹。

掩卷遐思，有冲动要写几句，分享一下你的大作给我带来的阅读快感，同时也唠叨一些我在阅读过程中（也结合我个人在写作过程中）体会到的一些疑惑和困窘。随性而发，走哪儿说哪儿。

我要强调说明，这是一部浓度颇高的著述。透过这些文字，读者大概可以隐约地窥探作者在两个领域内长期的积累和沉淀。捧读之际，我不时会想起 Everett Rogers 的《The Diffusion of Innovation》，它不仅呈现了坚实的理论架构和俯仰皆是的真知灼见，而且一丝不苟、不厌其烦地罗列细致入微的案例证据、颇为令人信服。但那本书的下场，终究只是一个参考书，供学人们查阅，不会像克里斯滕森《创新者的囧境》那样在畅销书市场中广为传播。从这个角度看，也许你需要有一个“杀手应用”，找到一个更加明晰准确的卖点。

此前，将中国文化与创新放在一起说的，肖知兴的努力值得称道，比如他对《论语》的解读等。但无论在体量和内容上，唐诗领域都要比《论语》更加具有统计意义上的空间感，所以你这里的工作规模更加繁浩宏大。而这种尺码的工作现在是比较少见了。你这本书的浓度着实罕见，由于这种浓度和对读者技术含量门槛的要求，我猜测它终将是小众读物，知音者寡。但坚持使之问世，本身就是勇气的胜利。只为对自己的追求和经历做一个梳理和交代，展示作者在两个不同领域的浸淫、耕耘和见识。当然，我倒是希望它畅销！

如你前言中所言，光是IT互联网部分即可自成一部非常具有启发意义的著作。无论是经过推敲的概念框架还是鲜活应景的案例证据，都非常具有见地，可以在管理教学中得到良好的应用和受众回馈。总体而言，用IT逻辑和当代语言去解读唐诗产业发展历程的演示贡献稍微大一些。用唐诗的规律把握对IT发展所进行的印证和映衬，也算比较到位。但要真正心领神会，读者受众需要同时在两个领域有足够的积淀、良好的品味和优雅的耐心。

刚开始，我还担心，你这里的工作只是基于随机的证据和宽泛的总结，相对直观和浅显地进行纯粹的平行对比和呼应。但通读下来，还是感到振奋和激动。我更关心的是，当你跨业比较时，对共通的一些规律，尤其是规律背后的驱动因素，是否有意识地涉及并有相对准确深入的把握和捕捉。思想解放、多流融合、主导设计、范式传播、受竞争所迫的差异化举措等，你的总结还是很有态度、温度和腔调的。这种理论构建性的工作，涉及我等国中学者（至少是管理学者）不太擅长的基本功问题，要不然是纯粹学究式的写作，难以引起实践者的共鸣；要不然是新闻式写作，长于现象捕捉，时效性可读性强，但理论构建终究欠缺，缺乏对模式和规律的提炼与总结。因此，我们还没有像《战略与结构》和《规模与范围》的作者钱德勒那样能够提出大命题的学者式商业史写作，我等自当汗颜。而你的工作，使我看到希望。

可以说，我们所有进行商业写作的人都面临同样的困境：如何能够在深度和共性之间找到平衡。就本书而言，单拿出来IT部分，好像仍然没有一个杀手应用。附上唐诗部分，一方面显得非常新颖，吸引兴趣，帮助拓展你关于《半面创新》等前期工作的传播，但另外一方面，它也可能影响你的传播。诗情画意和舞文弄墨，跟流行的互联网文化似有些许隔阂。大家更关注的也许是天使、风投、上市、圈钱，而不是故纸堆中的李杜。

我有时也在想要做你这样的工作，比如梳理京剧发展史，交响乐发展史，歌剧发展史，看他们对管理和创新的启示，或者王尔德、萧伯纳、易卜生、奥尼尔、威廉姆斯、阿瑟米勒等戏剧大家的作品对管理的启示，但总是畏而却步，一是觉得自己的浸淫和功力确实不够，二是觉得可能没有读者，或者两个领域的读者没有足够的交集。

但无论如何，看到你这本书中的工作，仍然不免肃然起敬。有浓度的工作太少了。通读全书，不仅觉得厚重深远，而且非常时尚新颖。对未来的一些畅想更是宏阔悠扬，比如是否全球有一个统一的产业标准，想象力还是要有一些的！

第一部分

笔落惊风雨，诗成泣鬼神

——创新创造概要

笔落惊风雨，诗成泣鬼神。

——（唐）杜甫，《寄李太白二十韵》

第1章 横看成岭侧成峰，远近高低各不同

行业演进与创新的规律

——唐诗行业与PC行业类比

横看成岭侧成峰，远近高低各不同。
不识庐山真面目，只缘身在此山中。
——（宋）苏轼，《题西林壁》

> 如果诗人是企业、格律是技术、诗歌是产品、唐诗是行业，那么唐诗行业的各项创新是如何展开的？信息文明的第一标志是PC飞入寻常百姓家，PC行业的各项创新又是如何演进的？唐诗行业与PC行业乃至其他一切行业是否有着相同的创新演进规律？

一个行业的出现一般有一段孕育期，如计算机诞生之前的几千年，人类文明从未思考过“什么是可计算”，而在1935—1936年间，邱奇提出λ算子、图灵提出图灵机、克林提出一般递归函数，他们的工作引发了人类历史上最伟大的创新之一——计算机，于1946年在美国宾州大学问世，信息技术革命正式起航……

唐诗行业亦然，在唐兴千年以前的春秋战国时代，古体诗歌产品已经面世，分别是北方《诗经》和南方楚辞。千年而下，生产者基本上是高端、大气、上档次的帝王后妃、达官贵胄及御用文臣，他们养尊处优，缺乏社会生活体验，产品内容以宫廷或上层生活为题材，心

思主要用在形式的辞藻润色上，产品总体表现为艳丽颓靡之气，而唐太宗李世民欲以雅正贞刚以及新朝伊始、万象更新的时代精神来开创有唐一代新诗风，唐诗行业揭开了大幕……

初唐 vs. PC 行业初期

忽如一夜春风来，千树万树梨花开。

——（唐）岑参,《白雪歌送武判官归京》

行业起步，技术先行。英特尔接力第二棒，1971 年发明了基于超大规模集成电路的 4 位微处理器 4004，这是信息技术行业史上仅次于第一台计算机诞生的第二大颠覆性技术创新；再接再厉，英特尔 1972 年推出 8 位微处理器 8008，1974 年升级至 8080。微处理器是 PC 的心脏，技术的成熟为产品的降生扫清了最后障碍。

唐诗行业亦然。初唐诗歌的发展是在朝野内外宫廷诗人与寒士诗人的技术与产品的交互磨合中完成的，分为三个批次。

承前启后、由隋入唐的第一批次，宫廷诗人以虞世南为代表，尽管未脱前朝浮艳之习，仍自觉追随唐太宗开创新风的最高指示；寒士诗人以王绩及其田园诗为代表，不过其隐逸的情调不是时代奋进的主旋律。

第二代诗人，宫廷方面上官仪领衔，他讲究词采工巧，诗风绮错婉媚，同时把创作经验提炼为对偶方面的技术创新，时称“上官体”，追随者众。寒士代表的初唐四杰，尽管在新旧交替之际承袭了不少前朝的藻绘之气，但他们从竞争导向出发，以向上官体发起挑战而陆续登上行业文坛，在吸收对偶声律等新技术的同时，基于自身对社会生活的丰富体验和深刻认识，有意识地创作代表时代的豪爽刚健的产品，在思想内涵上差异化竞争。四杰名句列举如下：

王勃：海内存知己，天涯若比邻。《送杜少府之任蜀州》

杨炯：宁为百夫长，胜作一书生。《从军行》

卢照邻：得成比目何辞死，愿作鸳鸯不羡仙。《长安古意》

骆宾王：此地别燕丹，壮士发冲冠。昔时人已没，今日水犹寒。《于易水送人一绝》

第三代诗人，宫廷方面以史称“沈宋”的沈佺期、宋之问为代表，继续探索诗歌的格律技术形式，最终完成了近体诗的格律技术创新，详见第4章。他们及“文章四友”的杜审言、崔融、苏味道、李峤亲自作诗示范推广，再加上才华横溢的上官婉儿代表政府以词采和格律作为诗歌产品好坏的判断标准，终于使格律成为朝野诗人的共同追求，最终确立为近体诗的行业技术标准。

这一批次的寒士诗人则是陈子昂单挑，面对上官婉媚、沈宋靡丽、四杰总体缺乏苍劲之气，子昂高擎复兴汉魏风骨大旗，批判“采丽竞繁……逶迤颓靡”之弊，登临幽州古台，直面时空苍穹，当仁不让，一声啼血：

前不见古人，后不见来者。念天地之悠悠，独怆然而涕下！

至此，初唐酝酿近百年的产品各项要素准备——沈宋外在的格律技术创新，四杰、子昂内在高蹈的风骨兴寄复兴，以及统治者开放儒释道思想市场竞争而导致的自我个性的全面崛张，中华文明的巅峰时刻——盛唐气象即将喷薄而出……

微机方面，1975年1月，行业头牌杂志《大众电子》发表了震惊世界的封面报道：“工程突破！世界第一台微机颠覆商业模式”，隆重宣告了采用英特尔8080的MITS公司Altair 8800的诞生，如图1-1所示，时间正式开始了……

图 1-1 左为《大众电子》封面；右为 Altair 8800

这款划时代的产品犹如茫茫荒原上子昂的惊天一吼：前不见古人——因为彼时是 IBM 主导的大型机和 DEC 主导的小型机时代；后不见来者——因为它没有显示器、没有键盘，只有控制面板，主打技术发烧友市场，必须通过复杂的转换器才能编程。

一石激起千层浪，报道引发行业大地震。一时间，大风起兮云飞扬，各路兵马兮蠢蠢忙，几十家微机公司创立，著名者如 Commodore、Tandy、Osborne 等。特别是，美国东海岸有个帅小伙，正在哈佛读书，美国之大此时已容不下一张安静的书桌，当机立断，辍学创业，开发 BASIC 语言解释器；西海岸还有个小愤青，平常有一搭没一搭地打点零工赚外快，时不时臆想着改变世界，同样当机立断，撒手回车库攒电脑去了。时势造英雄，此去经年，两人成为世纪伟人，前者比尔·盖茨，后者史蒂夫·乔布斯。

联结初唐和盛唐还有一些过渡，如宰相张九龄，吴中四士的贺知章、张若虚、张旭、包融，燕许大手笔的张说、苏颋等，略过。

盛唐 vs. PC 行业高潮

此曲只应天上有，人间能得几回闻？

——（唐）杜甫，《赠花卿》

初唐百年积淀，到玄宗时进入开元盛世，民富国强，社会自由，生活空间旷阔，仓廪实而文艺兴；再加上帝王倡导，政治开明，科举促进，无文字狱；以及诗歌产品本身的格律技术、风骨兴寄、情感个性等铺陈发展成熟，巅峰时刻拔地而起，山水田园派、边塞派、浪漫派、现实派等四大流派脱颖而出，一时间，“文质相炳焕，众星罗秋旻”。

PC 亦然，新创企业风起云涌，各路产品乱花迷眼。其间四大产品佼佼江湖，小清新的 Commodore PET 2001 宛若山水田园，硬粗犷的 TRS-80 Model I 仿似边塞豪放，愤青 Apple II 笔走浪漫、引领时尚，务实 IBM PC 稳健出山、一锤定音。

山水田园派以王维、孟浩然为代表。王孟诗派远承陶渊明的田园诗和谢灵运的山水诗，再另辟蹊径，歌唱自然与隐逸生活，产品意境上淡泊宁静，技术选择上以温润朴实的五言律绝为主。

其中王维风雅备至，兼通音乐书画，多才多艺，被政府奉为天下文宗。著名的山水田园之作如《山居秋暝》：“空山新雨后，天气晚来秋。明月松间照，清泉石上流”；《终南山》：“太乙近天都，连山接海隅。白云回望合，青霭入看无”等。此外还有离别怀人、豪迈边塞等各类题材的名作，如“大漠孤烟直，长河落日圆”，“劝君更尽一杯酒，西出阳关无故人”，“独在异乡为异客，每逢佳节倍思亲”等。我将在第 8 章中另述并与乔布斯对比分析。

该派其他诗人及其名作名句如：

孟浩然：荷风送香气，竹露滴清响。欲取鸣琴弹，恨无知音赏。《夏日南亭怀辛大》

储光羲：日暮长江里，相邀归渡头。落花如有意，来去逐船流。《江南曲》

綦毋潜：晚风吹行舟，花路入溪口。际夜转西壑，隔山望南斗。

《春泛若耶溪》

刘昚虚：道由白云尽，春与清溪长。时有落花至，远随流水香。《阙题》

裴迪：日落松风起，还家草露晞。云光侵履迹，山翠拂人衣。《华子冈》

常建：曲径通幽处，禅房花木深。山光悦鸟性，潭影空人心。《题破山寺后禅院》

微机里的田园诗意由1976年面世、售价600美元的Commodore PET 2001领衔主演，PET是个人电子处理器的缩写，而pet是宠物的意思，设计上将键盘、显示器和主机合为一体，其外观色调的搭配、显示器的梯形造型给人一种“吹面不寒杨柳风”的清新宠物感。处理器6502，主频1 MHz，4 KB内存可扩至32 KB，带有BASIC解释器，配备了音视频输出设备，是当时的市场宠儿，如图1-2所示。

图1-2　1976年的Commodore PET 2001

唐诗的边塞派则是前无古人、有唐独此一家、后也几无来者的流派，时代背景使然。彼时大唐开疆拓土，幅员辽阔，边境战争、塞外景色，以及当时人们投笔从戎、建功立业的世风，其产品风格染上深沉厚重的慷慨雄迈，与之匹配的技术则是七言乐府歌行。

该派以高适、岑参主导，压轴之作是高适《燕歌行》的“汉家烟尘在东北，汉将辞家破残贼。男儿本自重横行，天子非常赐颜色……”；岑参《走马川行》的“君不见走马川行雪海边，平沙莽莽黄入天。轮台九月风夜吼，一川碎石大如斗……”等。

该派其他成员及其名作名句如：

王之涣：黄河远上白云间，一片孤城万仞山。羌笛何须怨杨柳，春风不度玉门关。《凉州词》

王翰：葡萄美酒夜光杯，欲饮琵琶马上催。醉卧沙场君莫笑，古来征战几人回。《凉州词》

王昌龄：青海长云暗雪山，孤城遥望玉门关。黄沙百战穿金甲，不破楼兰终不还。《从军行》

李颀：野云万里无城郭，雨雪纷纷连大漠。胡雁哀鸣夜夜飞，胡儿眼泪双双落。《古从军行》

与之相对的是1977年出品的一款售价600美元的TRS-80 Model I，如图1-3所示，整个产品周期收获超过20万台的海量销售，4 KB内存，单色显示器，以及一个BASIC语言的开发版本，把程序存储在盒式录音带中。外观采用金属和电线裸露在外的设计，粗犷硬质，直坦心意，西部牛仔风，正是边塞豪气。

图1-3 1977年的TRS-80 Model I

回到唐诗，仿如众星拱月，诗仙李白和诗圣杜甫劈空而降。

诗歌源头《诗经》与楚辞的分野仿似儒道两家。儒家创造了重群体而抑个体的学说，按其价值观筛选出的《诗经》里也没有个体意识的自觉，只有个体对集体的关注。而道家老、庄讲个性，以保全自身、活出真我为要，屈原、庄子的作品无不是追求自我价值的实现。

李白走老庄路线，继承屈庄的浪漫传统，豪放打底，情感郁烈，想象奇瑰，天马行空，是不世出的大天才。另从技术角度，最束缚创作自由的是七律。所以放达不羁的天才型选手很少创作七律。李白现存的千首诗作中只有八九首七律，而其他技术均达极致：五绝只有王维可与之并论；五律只有孟浩然可与之比肩；七绝与七绝圣手王昌龄旗鼓相当；七古则酣畅淋漓，天下第一。李白的创新将在第 8 章详述。

杜甫则自幼接受儒家熏陶，继承《诗经》的现实主义传统，一生怀抱“致君尧舜上，再使风俗淳”的情怀，“穷年忧黎元，叹息肠内热”地关注天下苍生和家国命运，产品格调沉郁顿挫，与其颠沛流离、饱经忧患的人生经历和悲天悯人的人文情怀互为表里。技术上，不仅各项技术都是巅峰水准，连原来不完善的七律在杜甫手中也达极致。杜甫的创新将在第 9 章展开。

李白生前大名远扬，而杜甫在其有生之年却未能入选唐人选唐诗最著名的殷璠的《河岳英灵集》，是死后 50 年才由中唐大诗人元稹推至天下第一，他在《唐故工部员外郎杜君墓志铭并序》中评杜甫“上薄风骚，下该沈宋，言夺苏李，气吞曹刘，掩颜谢之孤高，杂徐庾之流丽，尽得古人之体势，而兼今人之所独专矣。”从此，历代诗家对杜甫的褒扬不断上纲上线，以至于千家注杜，终成行业标准；而注李者寥寥，盖因李诗“清水出芙蓉，天然去雕饰”，纯粹以气运诗，羚羊挂角，无迹可求。

大开大阖的愤青乔布斯可谓微机行业的李白。他 1975 年创业，1976 年与伙伴在车库攒出 Apple I，见图 1-4a，失败，因它只是一款实验室级别的原型样机。1977 年 1 月苹果公司正式注册成立，几个月后，售价 1200 美元的 Apple II 横空出世，见图 1-4b，大获成功，与前述的 Commodore PET 2001、TRS-80 Model I 并称电脑三剑客。紧接着，苹果先人一步，1980 年上市，风头一时无两，成为 8 位机事实上的行业标准。

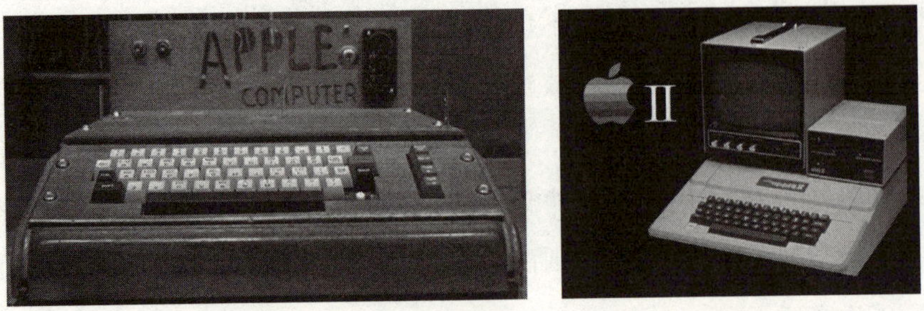

a. Apple I　　　　b. Apple II

图 1-4　Apple 创新产品

Apple II 采用产品领先战略，创新有二。

一是产品创新。乔布斯将主机、键盘、电源、显示器四合一，设计目标是桌上“豪宅”，采用人性化的圆滑外观，界面高大上，气质伟光正，再加上首次采用的彩色显示器，整机宛如吟游的浪漫诗人。另外，行业史上第一款杀手级软件 VisiCalc 试算表问世，它在很长一段时间只能用在苹果机上，帮助苹果一举拿下中小企业与家庭两大细分市场，因为企业财务总监、家庭主妇们受益于修改一个数字则整个财税报表能自动完成修改，于是无边客户萧萧下，不尽美刀滚滚来。

二是模式创新。苹果 II 设计了八个扩展槽，除给打印机和调制解调器的两个，还预留六个空槽开放给第三方。开放架构出，山寨自然成，第三方兼容机崛起，微机产业链形成。

采用产品领先战略的企业可用一词囊括其生活方式——紧张，即“团结紧张，严肃活泼”，以凸显生命之张力，因要专注产品开发、专注市场开拓而紧张，同时又要浪漫活泼地创新。

Apple II 进中国已是 1979—1980 年间，那时我父母在大学任教，我在大学附小读四年级，记忆犹新的是始终面带微笑的班主任任明玉老师带着我们参观了她先生任教的计算机系的纸带穿孔计算机，启蒙我们触摸到一个崭新的时代；紧接着父母学习 BASIC 语言并让我自学，又带我在他们系里蹭机，于是我在乔布斯的 Apple II 上用盖茨开发的 BASIC 语言解释器写下了有生第一行代码，更没想到，它还成了我人生上半场的谋生专业。

就像老成持重的杜甫，不动声色的现实派大佬 IBM 也有着急的一天！在苹果成功的巨大压力下，IBM 批准了一年期产品计划，并于 1981 年 8 月推出了划时代的 IBM PC，如图 1-5a 所示。我用这款产品时已是 1986 年大一了，而用这款产品的英特尔芯片写汇编程序已是 1988 年的大三。有次上机突然屏幕掉电，紧接着一股焦糊味散出，吓得我屁滚尿流地闪离机房，佯作没事拔腿开溜。那时，电脑，贵啊！

a. 1981 年的 IBM PC　　b. 1982 年 1 月《时代》周刊封面

图 1-5　IBM PC 推出并登上《时代》封面

IBM PC 做了四大创新。

第一是组织创新。苹果新创，一张白纸能画出最美的图案；而 IBM 曾经沧海，欲再为水。传统老企业一般双轮驱动，一轮是当前业务运营，获取现金流维持日常运转；一轮是未来业务的创新开拓。统计数据表明，把创新业务安放在原来的组织架构内，难逃失败厄运。其实早在 1975 年，当 IBM 读到 MITS 公司的封面报道后就做了一款微机，结果是理所当然的失败。所以，老企业欲做任何创新，须先做观念创新和组织创新。这次 IBM 另请高人 Don Estridge 白手起家创立 PC 部，并把创新突击队放到了山高皇帝远、不受纽约阿蒙克总部傻大粗笨企业文化干扰的佛罗里达州博卡拉顿展开。二元组织创新、二元 KPI 机制创新，跨越了雄关漫道的内部阻力第一关，创新成功后 Don 被誉为 PC 之父。

第二是模式创新。此前的 IBM 核心业务是大型机，采用垂直集成的商业模式，即从芯片、系统、硬件到软件全部自己动手，丰衣足食。现在变革为水平集成模式，就是“拿来主义”，从第三方购买部件，如从微软买操作系统，从英特尔买微处理器等，IBM 只负责品牌、集成、销售和售后。

第三是产品创新。苹果已成 8 位机标准，IBM 选择了英特尔 1978 年推出的准 16 位微处理器 8088，采用了跨代颠覆的竞争战略，直接跳级做 16 位微机，与苹果错位竞争。同时，IBM 决定开放体系架构，打通行业生态链，此举正式宣告了 PC 行业的形成。其严峻后果是，它也成为了 IBM 自己的掘墓人，硬件的标准化使得山寨兼容机厂商如康柏、AST、Gateway、Packard Bell 等迅速崛起，硬件重要性下降，软件成为行业的决胜力量。

第四是营销创新。首先是品类创新，IBM 创造了“ PC”新品类，并把 IBM 品牌与 PC 品类绑定为“ IBM PC”，以致以后一说电脑，不是 IBM PC 原装机就是 IBM PC 兼容机，将自己的产品变成了个人电脑品类的代名词。其次是定价创新，采用区别定价，细分出两类市场。原装机定价 5 000 多美元，主打中小企业市场；对家庭个人市场，IBM 把产品分拆，主机只卖 1 265 美元，配上便宜的山寨显示器、键盘等只需 3 000 多美元。其三是渠道创新，从 1981 年 12 月起，从由 IBM 自身业务代表销售 PC 的模式改为让经销商销售，结果从 1982 年的一年销量 20 万台，到 1985 年的一个月 20 万台，而分销代理体制的形成也成为其后康柏、AST 等崛起的法宝。

几大重拳出击，IBM 赢下了与苹果的世纪大战。1982 年 1 月，《时代》周刊评出的 1981 年的年度风云人物是个人电脑，并以 IBM PC 为背景，如图 1-5b 所示。紧接着 IBM 在 16 位机的轨道上持续创新，升级到 PC/XT、PC/AT（286），成为行业主导设计。

其他开宗立派的创新，如 Osborne 公司于 1981 年推出了世界第一台笔记本电脑 Osborne 1，64 KB 内存，5 寸屏，5.25 英寸软驱，售价 1 795 美元，当然最值一提的是其重量，10.9 公斤，见图 1-6。

图 1-6　1981 年问世的世界首台笔记本 Osborne 1

中唐 vs. PC 行业中期

江头千树春欲暗，竹外一枝斜更好。

——（宋）苏轼，《和秦太虚梅花》

东风无力百花残，美好的日子总是短暂。安史战乱，开元盛景不再，星光渐趋暗淡……紧随其后的中唐大历、建中年间，是山寨盛唐的 30 年左右的寂寥期，这一期的代表是两大创作群体——大历十才子（钱起、司空曙、韩翃、李益等）和江南诗人群（刘长卿、张继等），还有韦应物、戴叔伦、张志和等其他一些诗人，枚举其中最著者及其代表作或名句：

钱起：曲终人不见，江上数峰青。《湘灵鼓瑟》

司空曙：雨中黄叶树，灯下白头人。《喜外弟卢纶见宿》

韩翃：春城无处不飞花，寒食东风御柳斜。日暮汉宫传蜡烛，轻烟散入五侯家。《寒食》

李益：回乐峰前沙似雪，受降城外月如霜。不知何处吹芦管，一夜征人尽望乡。《夜上受降城闻笛》

刘长卿：日暮苍山远，天寒白屋贫。柴门闻犬吠，风雪夜归人。《逢雪宿芙蓉山主人》

张继：月落乌啼霜满天，江枫渔火对愁眠。姑苏城外寒山寺，夜半钟声到客船。《枫桥夜泊》

韦应物：独怜幽草涧边生，上有黄鹂深树鸣。春潮带雨晚来急，野渡无人舟自横。《滁州西涧》

戴叔伦：风枝惊暗鹊，露草覆寒虫。羁旅长堪醉，相留畏晓钟。《江乡故人偶集客舍》

张志和：西塞山前白鹭飞，桃花流水鳜鱼肥。青箬笠，绿蓑衣，斜风细雨不须归。《渔歌子》

PC 行业亦然。开放架构导致行业进入门槛降低，山寨机纷纷比学赶帮超，雨后春笋般崛起。其中康柏抓住 1985 年英特尔推出 32 位 80386 的技术创新应时而起，跨代颠覆，推出全球首款 386 Compaq Deskpro，如图 1-7 所示，一举漂白自己成为品牌电脑。我使用这款产品已是 1990 年大学毕业后了，那时我在大学计算机系教操作系统，并把 DOS 和 Xenix 两款系统安装其上，反汇编出前者并搞到了后者源代码。那段时间计算机病毒开始流行，我把已知的主要病毒收集并反汇编，在课程中增加了两款操作系统及病毒的源代码分析。

其他著名山寨如 AST 也在这一波创新中成功跻身全球五大微机厂

商之列，甚至在中国成为PC的代名词。而大洋彼岸的中国联想则于1987年代理AST起家，通过“贸”完成了渠道布局，在向“工”突破的过程中，抓住了英特尔1993年推出“奔腾”586的下一次技术创新，通过市额优先而非利润优先战略，将1.5万元以上的奔腾电脑一举拉到9 999元，登顶中国PC市额榜首。

图1-7　首款386康柏Deskpro

而唐诗行业，随着安史之乱的平定和经济的日渐复苏，“诗到元和体变新”，在宪宗元和年间二度梅开。这一期的诗人刻意求新，从而形成两大自觉创新的诗派，一派是韩孟诗派，以韩愈为领袖，包括孟郊、贾岛、姚合、李贺、卢仝等人，走高端怪奇路线；一派是元白诗派，以白居易为首，包括元稹、张籍、王建和李绅等人，走大众通俗路线。

同样，PC方面，随着行业成熟和山寨密布，产品同质化严重，也有两类创新呼啸而出，戴尔直销走低端大众市场，类似元白诗派；IBM服务创新走高端，类似韩孟诗派。

韩愈的创新从行业极切入，创造性地将散文与诗歌两大领域跨界混搭，“以文为诗”，走“险语破鬼胆，高词媲皇坟”之路，崇尚怪奇，蹊径洞开。清朝学者赵翼在《瓯北诗话》卷三中评论：李杜之后，只有杜甫的奇险处是弱点，还有可供发扬光大之空当，于是韩愈一眼觑定，从此辟山开道，自成一家。我将在第6章的产品创新中详解。

列举这派的名篇名句：

孟郊：冷露滴梦破，峭风梳骨寒。《秋怀》

贾岛：鸟宿池边树，僧敲月下门。《题李凝幽居》

姚合：马随山鹿放，鸡杂野禽栖。《武功县中作》

卢仝：相思一夜梅花发，忽到窗前疑是君。《有所思》

李贺：骨重神寒天庙器，一双瞳人剪秋水。《唐儿歌》

白居易的创新则从市场极切入，创作通俗流畅的产品。因为李杜等走文人士大夫高端市场路线，是所谓的文人诗，而清朝之前的整个中国，能读到秀才（相当于本科）、举人（硕士）、进士（博士）的所谓文人士大夫只占 2% 左右的市场份额。白居易“一篇长恨有风情”，以大众喜闻乐见、描写唐玄宗与杨贵妃爱情故事的叙事诗《长恨歌》而名满天下。我将在第 6 章继续展开。

列举该派的名篇名句：

元稹：曾经沧海难为水，除却巫山不是云。《离思》

张籍：复恐匆匆说不尽，行人临发又开封。《秋思》

王建：今夜月明人尽望，不知秋思落谁家？《十五夜望月》

李绅：锄禾日当午，汗滴禾下土。谁知盘中餐，粒粒皆辛苦。《古风》

其间卓尔不群的两个大家柳宗元和刘禹锡，人生经历大致相同，都是参与永贞革新失败后被贬谪，诗歌的共同特征是古淡。各自的名篇名句如：

柳宗元：千山鸟飞绝，万径人踪灭。孤舟蓑笠翁，独钓寒江雪。《江雪》

刘禹锡：东边日出西边雨，道是无晴却有晴。《竹枝词》

回到 PC，同质化的红海中，一个震撼全球的伟大创新呼啸而出——戴尔直销，它先是通过电话、传真，后通过互联网，绕过渠道代理以超低价直面大众顾客，如图 1-8 所示，就像元白诗派走低端大众市场。我 90 年代末互联网革命时在美国创业，写比价购物搜索引擎，就是通过戴尔网站配置了两台服务器，双 CPU、SCSI 硬盘、磁带备份，省下了不少资金，从此对它情有独钟。

戴尔创新围绕“运营卓越”战略展开，首先是自己的运营系统，通过互联网对标准化的 PC 产品采用大规模定制模式；然后以此整合前端供应链的流程创新，其特征用一词概括是“公式化”，专注于自身的流程效率和供应链的协同效率。

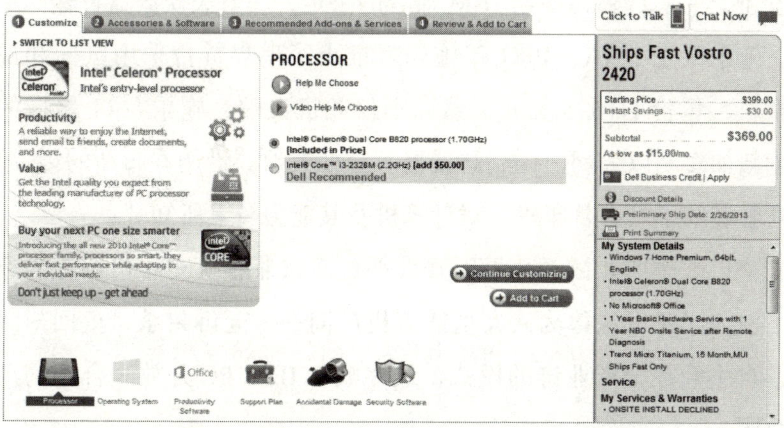

图 1-8　戴尔直销的大规模定制业务系统创新

其他企业则迎来了大败局。

首吃螃蟹的 MITS 公司败于跨越鸿沟，其产品主打技术发烧友市场，占领统治地位时错失从发烧友到大众市场的跨越，因为发烧友看重的价值是技术的先进性，而大众则需要稳定易用的产品。当面向大众的产品面世后，MITS 迅速失败。

惠普错失第一冲击波。时惠普员工、乔布斯的创业搭档沃兹尼亚克说，“在我还任职于惠普时，把我做出的设计告知他们是我的责任，也合乎伦理。”可惠普高管在看完 Apple I 的演示后说，“它只是业务爱好者的玩具，无法融入惠普高品质的细分市场。”

DEC 败于愿景。DEC 主攻小型机，以 PDP 机和 VAX 机闻名于世，时仅次于 IBM，为全球第二大 IT 企业。其创始人兼 CEO 肯 · 奥尔森于 1977 年发表了著名的行业洞见："我们没有任何理由认为人们需要家用电脑"，最后惨遭微机、工作站和客户端 / 服务器架构夹击而败。

王安败于产品战略。盖茨在《未来之路》中写道，"如果 20 世纪 80 年代那位'眼光远大的工程师'没有贻误战机的话，今天可能就没有什么微软了。"他说的就是王安，鼎盛时全球华人首富，全球八大 IT 企业之一。因做出不与 IBM 兼容的决定，一着失误满盘皆输。

施乐败于 DNA。1981 年施乐就推出了世界首台采用鼠标和视窗的微机，售价 16 595 美元，然而不仅此机失败，施乐在 IT 领域的所有创新如发明以太网、调制解调器等全部失败。借用乔布斯的话，"施乐高管满脑子只有复印机，对计算机及其能力一无所知。"

苹果败于产业链。苹果因开放平台而致兼容机充斥市场，导致利润下滑，于是以法律为武器把兼容机厂商一一起诉封杀，重回封闭系统，自主掌控全产业链的模式，最终败于 IBM PC 开放、合作的产业链协同。

IBM 败于核心技术及标准掌控。IBM 打赢了与苹果的战役，但输掉了 PC 战争，因为没有在核心技术如微处理器研发以取代英特尔，在操作系统的研发战略与执行皆误而成就微软。而当它意识到自己的开放成为行业标准并摧枯拉朽时已是 1987 年，此时标准已剥夺了任何企业试图控制的机会，包括标准制定者 IBM 自身。IBM 发布 PS/2 总线企图通过升级来强换标准，但早已非吴下阿蒙的康柏联手其他兼容厂商宣布开放的 EISA 总线，将 PS/2 打死。

IBM 从 1989 年开始亏损，连续三年巨亏 160 亿美元进入破产保护。1993 年郭士纳上台拯救，他认为顾客将更看重整体解决方案提供商，即能将各种软硬件整合成技术方案，并把方案植入企业流程中的公司。因为如果顾客需要一个集成者来帮助他们设计和实施一个终极解决方案，那么扮演集成者角色的公司将对整个技术决策发挥关键影响，包括各种软硬件的选择，而IBM的核心竞争力正好是其软硬件技术底蕴和垂直集成的能力。

于是郭士纳学习韩孟诗派走高端路线，服务创新横空出世，将IBM从硬件公司转型为采用亲近客户战略的软件与服务导向的技术集成商，这种战略用一词概括即“解决方案”，专注于客户整个生命周期的价值。成功后郭士纳一声呐喊，“如果大象开始跳舞，那么蚂蚁必须离开舞台”，甚至，最后IBM把烫手的PC山芋甩给了联想。

晚唐 vs. PC行业晚期

此情可待成追忆，只是当时已惘然。

——（唐）李商隐，《锦瑟》

晚唐岁月，藩镇割据、牛李党争、宦官乱政、农民起义，导致经济衰退，社会动荡。在这种时代乱象的投射下，晚唐诗人“虽然诗胆大如斗，争奈愁肠牵似绳”，胸襟格局衰減，发力方向不再是盛唐的气象雄健，而是艺术的深幽，呈现出柔婉之美，翘楚其间者为李商隐，他与杜牧合称“小李杜”，与温庭筠合称“温李”。

PC行业晚期，PC已是成熟的大众消费品，不复高科技之谓。向下看，同质化使得价格竞争血腥白热，利润率降至个位数；向上看，行业推力摩尔定律的“每18～24个月芯片集成度增加一倍”依然有效，可升级的计算力远超需求。夕阳无限好，只是走到了后PC时代的黄昏，创新已成远古的回响，恍惚间，遥见乔布斯又立潮头……

李商隐一生沉沦下僚，历尽人生坎坷，其诗中充满着自怜自伤或感时伤事的鸣叹。与前人即事名篇的写实不同，李是把心灵中的混混沌沌的图景，外化为恍惚迷离的诗的意象组合，非真实、非逻辑、跳跃性，开创了意象体验流派，用一种沉郁厚重而又细美精微的手法描写绵长不绝的心灵意象。这种意象组合带着某种象征意义，但究竟象征什么恍如雾里看花，见仁见智，全凭消费者的人生体验进行二次创造。有时从诗头、诗中取几个字命名，名字与诗意不一定相干，有时干脆命名为《无题》，如：

相见时难别亦难，东风无力百花残。春蚕到死丝方尽，蜡炬成灰泪始干。

晓镜但愁云鬓改，夜吟应觉月光寒。蓬山此去无多路，青鸟殷勤为探看。

清代学者吴乔认为，唐人中能自辟宇宙者，只有李、杜、韩愈和李商隐四人。我将在第 6 章详解。

PC 行业，早期被 IBM 打败的苹果也满目疮痍，物是人非，乔布斯被他请来的 CEO 联手董事会于 1985 年赶走，直到 1996 年底苹果濒危时才王者归来，其回归后的第一款产品是 1998 年推出的 iMac 系列。此前的电脑只有黑白米黄等色，而有着红、黄、蓝、绿、紫五种水果颜色、售价 1 299 美元的 iMac 一面市就让消费者耳目一新。如图 1-9 所示，那圆润的身躯、半透明装束、五色的组合，这就是体验创新，宛如李商隐诗境的梦幻迷离，用乔布斯的话，“它让你想舔它”。而在其诱人的外表之内，所有配置都与此前产品一样，结果三年销量达到惊人的 500 万台，其中 32% 是首次购买，12% 是从微软视窗系统中转移过来。工程师出身的盖茨愣没看懂，评说“苹果唯一胜出就在颜色”。乔布斯急火攻心，反唇相讥，“微软最大的问题就是他们完全没有品位，没有独到见解，不会在产品中注入人文。”随后的 iPod、iPhone、iPad 等无不走意象体验之创新道路。

图 1-9　iMac 的体验创新

苹果，曾经沧海，在以产品领先战略为主导的行业盛年佼佼枝头，在以低成本运营卓越战略或高附加值亲近客户战略的行业中期则落拓江湖，直到行业晚期，用户面对同质化开始追求体验和设计时，终于有了发挥其工业美学主义优势的用武之地，梅开二度再为水。

特别是乔布斯为这款产品设计的广告——Think Different——正是其人生价值宣言。我那时还有几个月即步入而立，在美国新泽西州的 AT&T 编程，每天晃荡着青春，工作清闲得上班时间溜出去看 98 年法国世界杯，看到这片子热泪盈盈，情难自抑，半年后就奔赴彼时老大微软所在的革命圣地西雅图了。走前的 30 岁生日，宴请几位好友吃饭聊天，立志有朝一日不用再为五斗米削尖智商周旋于办公室政治，琢磨有教养的废话，闻看鼻息眼色，对凡庸职业佯笑的虚伪人生，开创一番独立行空、直抒胸臆的自由事业。

Think Different

Here’s to the crazy ones, the misfits, the rebels, the troublemakers, the round pegs in the square holes, the ones who see things differently. They’re not fond of rules. And they have no respect for the status quo. You can quote them, disagree with them, glorify or vilify them. About the only thing you can’t do is ignore them. Because they change things. They push the human race forward. While some may see them as the crazy ones, we see genius. Because the people who are crazy enough to think they can change the world, are the ones who do.

致那些疯狂的人，他们特立独行，他们桀骜不驯，他们惹是生非，他们格格不入，他们看待事物与众不同，他们不愿墨守成规，他们不愿安于现状。你可以认同他们，你可以反对他们，你可以颂扬他们，你可以诋毁他们，但你唯独不能忽视他们，因为他们改变事物，因为他们推动人类进步。或许他们是别人眼里的疯子，但他们却是我们心中的天才，因为只有那些疯狂到自以为能改变世界的人，才能真正改变世界。

晚唐其他名家名句如：

杜牧：一骑红尘妃子笑，无人知是荔枝来。《过华清宫》

温庭筠：鸡声茅店月，人迹板桥霜。《商山早行》

张祜：潮落夜江斜月里，两三星火是瓜州。《题金陵渡》

许浑：溪云初起日沉阁，山雨欲来风满楼。《咸阳城西楼晚眺》

曹邺：官仓老鼠大如斗，见人开仓亦不走。《官仓鼠》

皮日休：竟夸天下无双艳，独占人间第一香。《牡丹》

陆龟蒙：无情有恨何人觉？月晓风清欲堕时。《白莲》

罗隐：今朝有酒今朝醉，明日愁来明日愁。《自遣》

杜荀鹤：风暖鸟声碎，日高花影重。《春宫怨》

秦韬玉：苦恨年年压金线，为他人作嫁衣裳。《贫女》

韦庄：内库烧为锦绣灰，天街踏尽公卿骨。《秦妇吟》

韩偓：天涯烈士空垂涕，地下强魂必噬脐。《故都》

破坏性创新

唐诗发展到晚唐末期几乎无路可走，该走的路似乎均已被前人走过，还能另辟蹊径吗？ PC 同样，苹果 iMac 更像是回光返照般的最后疯狂，后 PC 时代还能有所创新吗……

词，这种新的文学形式在诗坛衰微之时经温庭筠之手拔地跃起，随后的五代和宋朝文人们竞相为之，终成文学产品的主流。

词的起源相传是李白，他首作《忆秦娥》(箫声咽，秦娥梦断秦楼月。秦楼月，年年柳色，灞陵伤别。乐游原上清秋节，咸阳古道音尘绝。音尘绝，西风残照，汉家陵阙）和《菩萨蛮》。而词的初始增长大致在中唐，原因是市场极的音乐需求，当时新产品琵琶开始流行，可用它创制出无数动人的新鲜乐曲，作为歌词的诗的长短一致的弱点就暴露出来了，所以词的别名为长短句、曲子词、乐章、琴趣等，其产生和创作大都是为了配合这种流行新乐的曲调，所以词能兼容高端产品诗的文学性与世俗音乐性两方面的特点。

为什么是温庭筠“重新发明词”？固然因为温诗词俱佳，诗与李商隐并称为“温李”，词与韦庄并称为“温韦”，更重要的是，他是国史上第一位专注于写词的诗人，如其代表作《菩萨蛮》:

> 小山重叠金明灭，鬓云欲度香腮雪。懒起画蛾眉，弄妆梳洗迟。
> 照花前后镜，花面交相映。新帖绣罗襦，双双金鹧鸪。

总之，关于词的诞生，国学大师王国维在《人间词话》第 35 页中概括，“(诗经）四言敝而有楚辞，楚辞敝而有五言，五言敝而有七言，古诗敝而有律绝，律绝敝而有词。盖文体通行既久，染指遂多，自成习套。豪杰之士，亦难于其中自出新意，故遁而作他体，以自解脱。一切文体所以始盛终衰者，皆由于此。”

而后 PC 时代则是乱花渐欲迷人眼：2007 年亚马逊 Kindle 阅读器、2008 年华硕 EeePC 上网本、2010 年 iPad 平板电脑、2011 年英特尔超级本等，如图 1-10 所示，PC 行业剧烈颠簸。

图 1-10 后 PC 时代新产品（左起）：Kindle、上网本、iPad、超级本

谁是 PC 行业的破坏性创新？

苹果 iPad！苹果认为信息生产，如用 Word 写文档、用 Excel 写财报、用 PPT 写演讲，与信息消费如上网、音影娱乐、玩游戏等是可以截然分离的两个市场。iPad 强攻后者，辅以 AppStore 和 iTunes 网店的平台与应用分离的模式创新而红遍全球，再加上智能手机及各种移动设备，成为对笔记本电脑的破坏性创新——不是为现有消费者提供功能更多的产品，而是引入与现有产品相比强调另类功能的产品，简单、低价、时尚、便捷。当然，我买 iPad 并送给父母主要还是因为其简洁的 Facetime 功能，可以视频通话。

随着 iPhone、iPad 等移动互联网及设备的爆发，2010 年 5 月，苹果市值超越微软，结束了微软一统江湖 20 多年的历史；2012 年 11 月，高通市值超越英特尔，PC 行业的主导结构 Win-Tel 联盟（微软 Windows 和 Intel 的合称）被总体超越；2013 年第一季度，PC 行业历经近 40 年的增长之后，首次负增长。

已是黄昏独自愁，一个时代逝去……

类比总结

按时间维度的演进视角，唐诗行业部分如图 1-11 所示，初、盛、中、晚四期之划分我参照明朝学者高棅的通行提法。

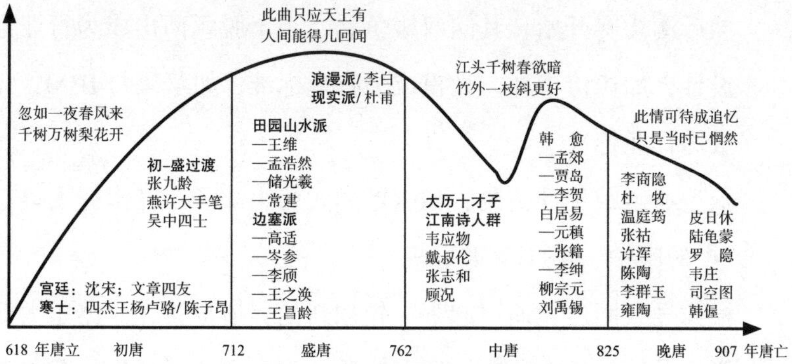

图 1-11　唐诗行业演进总图

加入 PC 行业的类比，则如图 1-12 所示，其中唐诗部分只留下了里程碑式的创新。

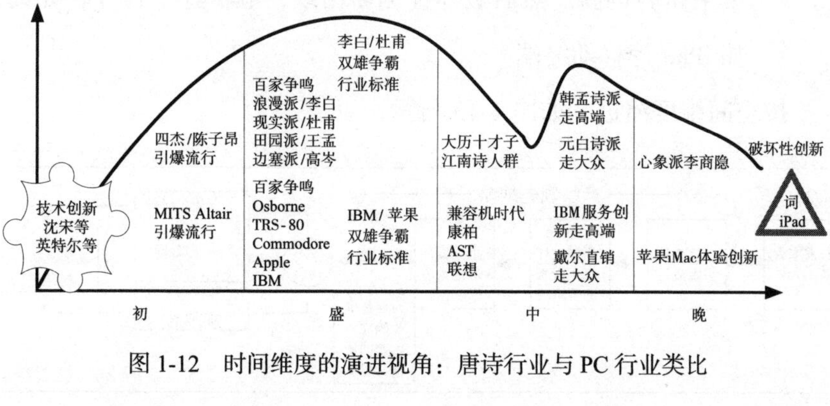

图 1-12　时间维度的演进视角：唐诗行业与 PC 行业类比

◇ 行业起步，技术创新先行，如唐诗沈宋的格律技术，英特尔的微处理器技术

◇ 然后，一款产品引爆流行，如陈子昂的《登幽州台歌》，MITS

的 Altair8800

◇ 紧接着百家争鸣，多种设计竞相涌现，产品领先为主导战略，唐诗如田园、边塞、浪漫、现实各派；PC 如 Commodore PET 2001、TRS-80 Model I、Apple II、IBM PC 等各类新品

◇ 然后淘汰赛开始，其间双雄争霸，一个脱颖而出成为行业主导设计，如唐诗李杜，杜甫成为行业标准；如苹果与 IBM，IBM 成为行业标准

◇ 众企业紧跟标准仿制，如唐诗的大历十才子、江南诗人群；如 PC 的康柏、AST 等兼容机

◇ 模仿导致同质化而引起下一轮创新的分道扬镳，一路走大众市场，采用低成本战略，运营制胜，如元白诗派通俗、戴尔流程创新；一路走亲近客户，采用高价值战略，如韩孟诗派奇险、IBM 服务创新；一路固守产品战略的则以产品组合应战

◇ 最后阶段在体验或设计创新上发力，如李商隐心象意识流派、苹果体验创新。然后破坏性创新出现，颠覆这个行业，如词、如 iPad 等移动终端

按空间维度演进，如图 1-13 所示。

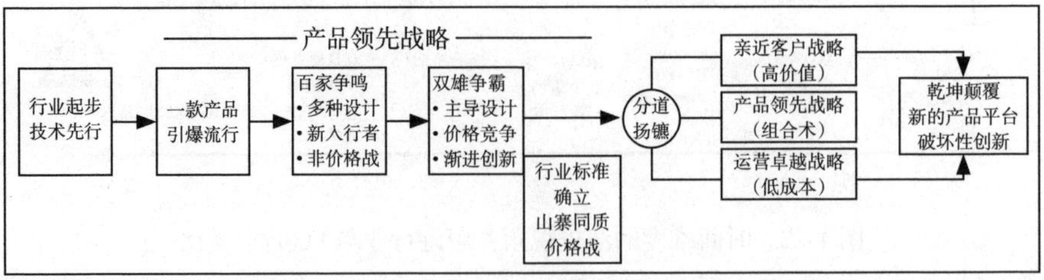

图 1-13 空间维度的演进视角

将过程中的创新分类，则一个行业内的创新可归为三组九类，如图 1-14 所示。

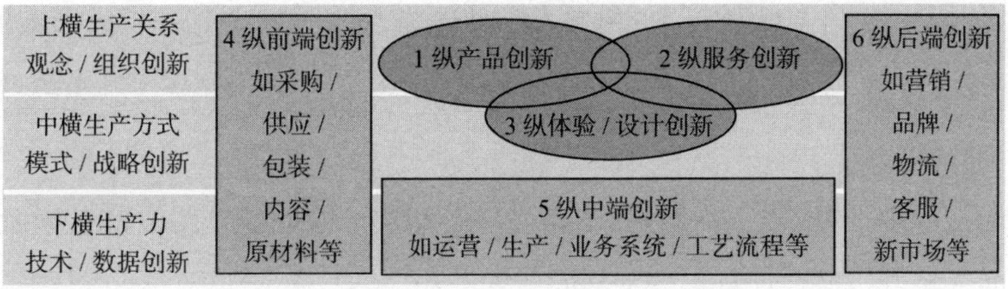

图 1-14　行业链三横六纵九大类创新

第一组三横，分别是生产关系的思维模式（观念）或组织创新（利益），生产方式的商业模式、战略或制度创新，以及生产力的技术或数据创新。

第二组 1 ～ 3 纵，创新始于价值创造，而价值创造归结于产品，本书定义产品为满足需求的一切东西，而任何产品都是产品、服务与体验的三位一体，只是比例多寡。本书将分别阐述这三类创新。

第三组 4 ～ 6 纵，三端流程，前端输入参数是生产前的内容 / 原材料 / 供应链创新，中端是创作过程、生产制造或工艺创新，后端输出结果是生产完毕后产品送到消费者手中的营销 / 销售 / 售后 / 客户关系管理类的创新。

本书第二部分将围绕唐诗与互联网两条线索、相互观照展开这九大创新，其间会用到拙著《半面创新》的模型或工具，拟在附录中概述。

最后，我赋诗《七律 · 诗脉》结束第一部分。

屈陶李杜瓦蒸机，
更有图零诺曼一。
西雨浸残存古道，
东山重整负新笈。
四方猛志八方破，
今世狂章转世期。

宇宙人生新韵落，
后词谁赋和先诗？

诗中，“图零”指图灵，“诺曼一”指冯·诺依曼，两位信息革命的开拓者，谐音计算机二进制的“零”和“一”。

附录 1A 什么是“半面创新”

“半面创新”在内容上主要指“半面守正半出奇”，就是扬弃，而非全盘否定一刀切的“全面创新”。

在形式上，如图 1-15 所示，我把出奇的创新部分做成了“半”字模型，代表创新的五大思考维度；而守正部分做成了“面”字模型，代表创造的常态思维框架。

守正与出奇是创新创造的一体两面，奇中有正，正中蕴奇，奇正相生，变换无穷，故将之命名为“半面创新”。

“半”字创新包括：

◇ 行业链——行业中最重要的九大创新将在第二部分展开

◇ 行差链——如何系统化地借鉴其他行业的创新

◇ 产融链——在产品、业务、企业、行业四个层级进行产融结合的创新

◇ 混搭链——将不同领域的概念、技术、创新等跨界关联而组成新创新

◇ 属性链——创新创造的各类性质特征

“面”字创造包括：

◇ 二极世界的行业极推动与市场极拉动，第三极维基极则是来自异质时空的触发触动

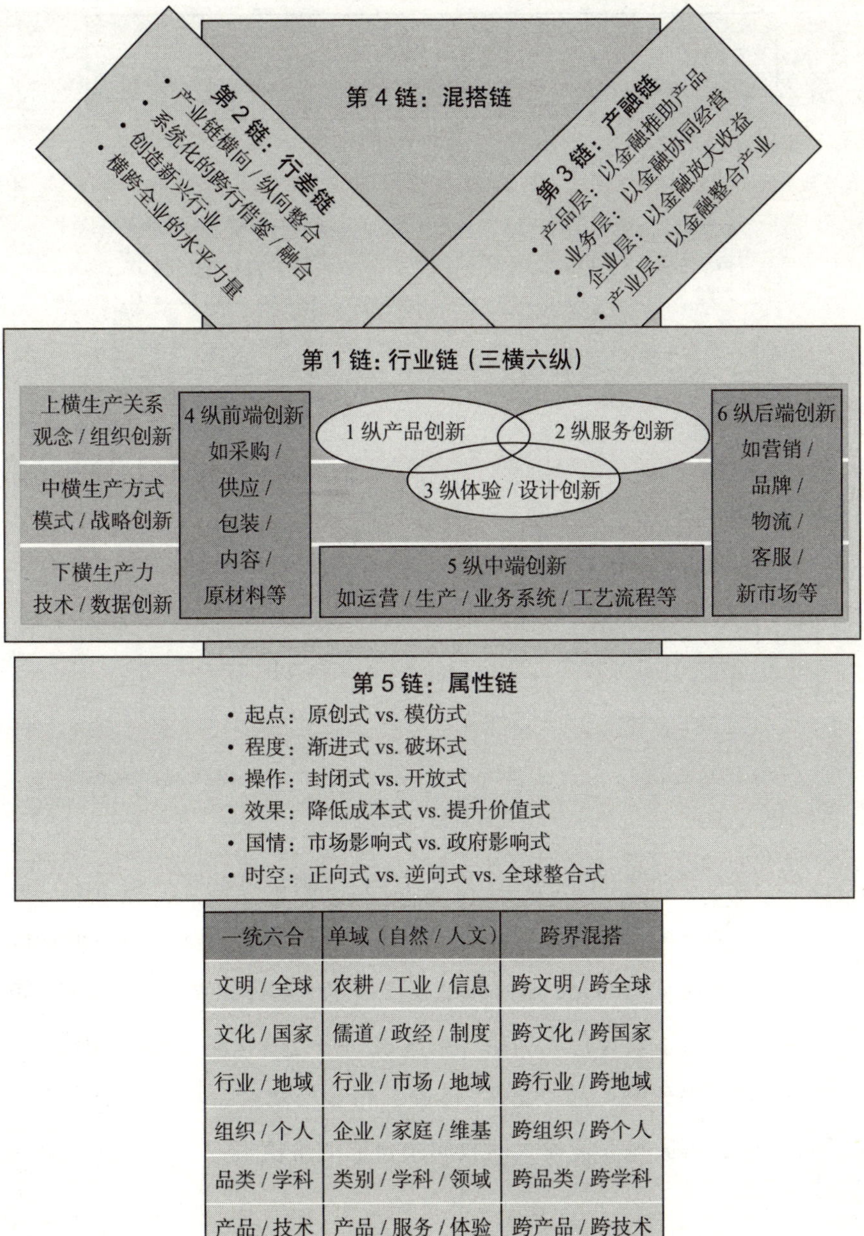

图 1-15 半面守正半出奇：“半”字为创新切入的思维图谱；
“面”字为常态创造的思维框架

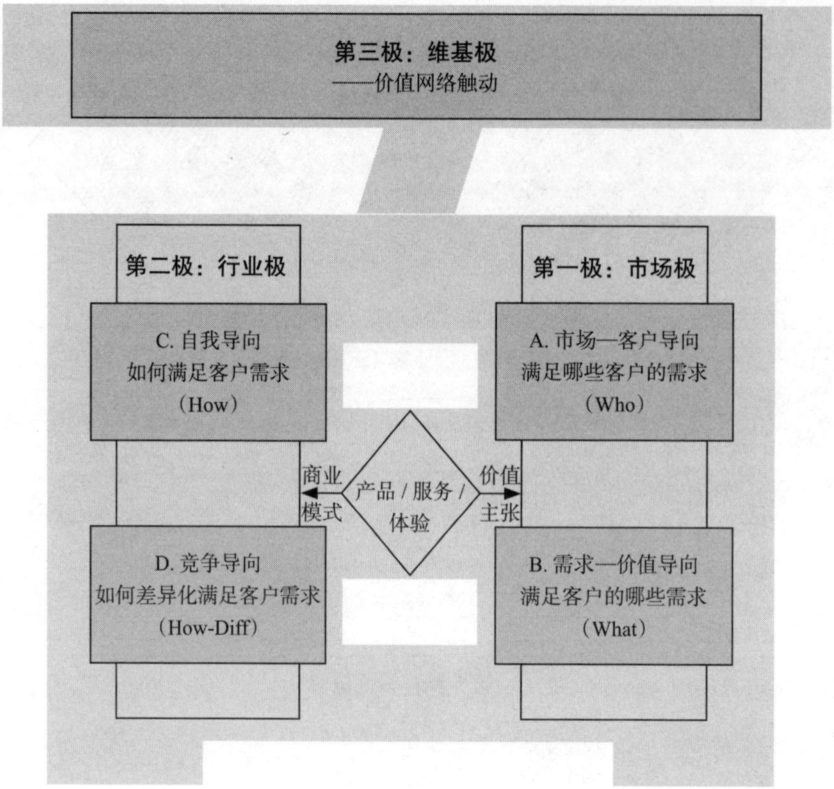

图 1-15 （续）

◇ 四大导向是创造的四个思考方向："满足哪些客户的需求"是市场—客户导向（Who），"满足客户的哪些需求"是需求—价值导向（What），"如何满足客户需求"是自我导向（How），"如何与对手差异化来满足客户需求"是竞争导向（How-diff）

◇ 中间部分是产品 / 服务 / 体验，行业极卖给市场极一个价值主张，再通过商业模式回收属于自己的价值

第二部分

行到水穷处，坐看云起时

——创新创造方法

行到水穷处，坐看云起时。

——（唐）王维，《终南别业》

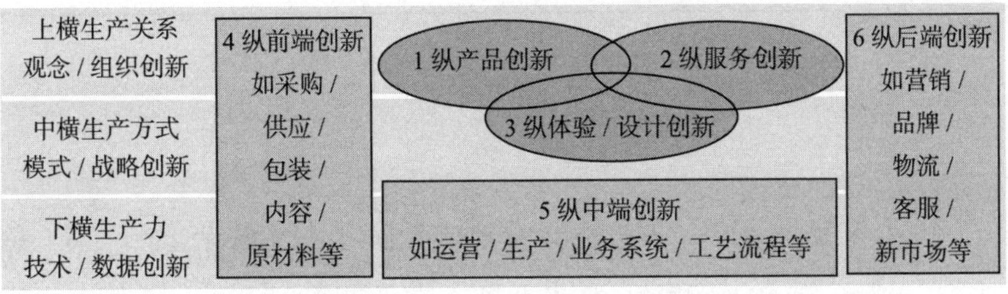

本部分九章围绕唐诗行业与互联网行业的全景创新互相观照，

由此触类旁通企业通行的创新切入方法。

第2章 问渠那得清如许，为有源头活水来

生产关系创新

——思想观念创新 / 组织创新

半亩方塘一鉴开，天光云影共徘徊。

问渠那得清如许？为有源头活水来。

——（宋）朱熹，《观书有感》

> 观念是行为的先导。唐诗创新成功的首因是形成了开放竞争的思想市场，促进了思想解放→观念更新→个性崛张→心游万仞的创新路径。当今传统行业正面临互联网由点及面的蚕食，如何拥抱互联网思维？解决了观念后，又如何解决屁股（利益）决定头脑的组织创新？

1986 年我上大学，入校头天看地摊上摆着《朦胧诗选》一书，翻到第一首诗，诗名《回答》，作者北岛，前两句这么写的："卑鄙是卑鄙者的通行证，高尚是高尚者的墓志铭。"我心砰地抽紧，喘不过气，惊为天语，买了下来，它和我背读过的"名诗"诸如"广场浩荡人如海，丰碑巍峨天变矮。人间出现双太阳，天上地下增光彩"等大异其趣。

20 多年后读回忆文章才知道自己赶上了 20 世纪 80 年代的文化热，那时最喜读的是封面土头土脑、只有黑白两色的"走向未来"丛书，还读"文化：中国与世界"丛书和商务印书馆的"汉译世界名著"。

我虽学计算机，但酷爱文史哲，除了如饥似渴地读，还去听名家们在学校的讲座。收之桑榆的是启蒙——引用康德，开始用自己的头脑思考；失之东隅的是第一门专业课《计算引论》飘红。

回忆文章这么写道，从1978到1989年间，因改革开放而重走现代化道路的中国，思想界接续晚清、五四那条历史的延长线，我们亲历了被史家称为"新启蒙"的思想解放运动……但，唐朝不是这样……

唐人思想观念创新

唐朝民富国强是创新的经济基础，可史上其他时代如康乾盛世，也不是没有"皇上圣明"过，但为什么是唐代，特别是盛唐，才出现"文质相炳焕，众星罗秋旻"的大面积创新？

人是创新创造的原点，而人的行为是由其思想观念决定的，所谓观念是行为的先导，行动是思想的翻译，人与动物的根本区别就在于人是有思想的动物。没有人的思想恢张、观念阔达、个性畅扬、心游万仞，一切创新创造都是水月镜花，只能等待个体的DNA突变，如元明清六百年黑暗中只有一款《红楼梦》划破长夜。

初唐百年，沈宋准备好了格律技术，四杰、子昂准备好了风骨兴寄，万事俱备，只欠思想解放之东风，而解放思想的唯一方法就是兼收并蓄各种思想。基于此，我认为唐诗行业大面积创新成功的首因是经过汉末至隋三四百年大分裂而解构一个主义一统天下的格局之后，在唐代形成了多元竞争的、开放的思想市场——任何思想都没有获得垄断地位，由此引发创新创造者形成了兼容并包、思想自由的个人开放平台。

多元思想竞争→思想解放 中国思想的演进，源起于古代宗教哲学及政治经验形成的王官之学。春秋战国时代，诸子合此而成诸子之学，百家争鸣。秦一统天下，采用法家路线，二世而亡。汉初吸取秦亡教训，采用道家思想休养生息，经文景之治而达武帝盛世。武帝罢黜百家，独尊儒术，一个主义一统天下。儒学过于烦琐的考证又激起了空谈，《易经》与道家结合成为魏晋玄学，重新发现个人，提倡个性解放。

到了唐代，统治者既大力倡儒，因为它是社会的正统思想体系；又极力弘道，因为李唐王室把老子（李耳）作为自己的先祖；而印度佛学汉魏时期入华，南北朝时兴盛，到隋唐而蔚为大观。于是有唐一代，儒释道三家并存，互相竞争融合，形成了兼容开放的大格局。

这种格局投射唐人，既有儒家立志事功、兼济天下一面，又有道家恬淡优游、钟情艺术的一面，还有佛禅空明自在、随缘任运的一面，使得创新创造者心胸豁达、眼界阔大。如三大诗人王维偏佛，李白偏道，杜甫偏儒且不排斥其他，而大多数人则兼容并包，如白居易“上遵周孔训，旁鉴老庄言”。一个自我意识充分肯定并自由张扬的时代真的来了。

思想解放→观念更新　人是认知和观念的动物。如五六十年代根红苗正的“老子英雄儿好汉”，70 年代“两个凡是”对撞“实践是检验真理的唯一标准”，80 年代“时间就是金钱、效率就是生命”，90 年代“姓资姓社”直至当今时代“金钱至上”等。

观念是环境，是自我约束自我的环境，包括诸如思维定势、喜好偏见以及随之形成的生命习惯，人类每天九成以上的行为都是按部就班的惯性运动，而创新欲动，观念先行，唐诗研究专家余恕诚先生在《唐诗风貌》第 3 页中列举了各种观念变化：

◇ 君臣观：如杜甫写李白“天子呼来不上船”；白居易“朝廷雇我作贤人”

◇ 尊卑观：如李白“安能摧眉折腰事权贵，使我不得开心颜”

◇ 门第观：如名相薛元超以“不以进士擢第”为恨，士大夫由门

第转为进士崇拜

◇ 伦理观：如柳宗元《六逆论》批驳传统

◇ 妇女观：如武则天女主临朝，如公主改嫁多次史书均不隐讳，对妇女礼俗不限

◇ 民族观：如唐初史家修南北朝史时一视同仁，华夷之界淡薄

◇ 敢示自我：如杜甫写求官时“朝扣富儿门，暮随肥马尘”；如元稹写自己始乱终弃

观念更新→个性舒张　经过数百年的思想解放和观念更新，到盛唐时每个诗人都个性激荡：王维禅心睿智；孟浩然清雅风流；贺知章纵诞诙谐；王之涣慷慨倜傥；常建性癖意远；储光羲乐在畋渔；王翰豪迈不羁；岑参热情好奇；王昌龄玉壶冰心；李颀豪宕疏简；高适好言王霸大略；李白意兴飘逸，合仙侠以为气；杜甫生活上放旷不检，政治上忠君爱国……（《唐诗风貌》第46页）

产品是自我的延伸，产品也是自我的投影，没有自我意识淋漓尽致的高张，何来才情磅礴之大作。

直到中晚唐，韩愈复古独尊儒教，思想开始再次慢慢收敛；再是宋明理学，禁梏思想千年；元明清极度黑暗的专制统治；到了晚清、民国西学东渐方始有全新格局。

互联网思维

回到信息文明时空。2007年iPhone面世、2008年安卓开放、2009年3G牌照发放，移动互联网时代到来，到2012—2013年更是全面爆发……手机上网人数超越PC，新浪微博全民狂欢，微信冲击运营商并引领O2O（Online To Offline）变革，以小米为代表的新型终端公司强行切入，以余额宝为代表的互联网金融异军突起，百度、阿里、

腾讯等兼并布局之争愈演愈烈，大数据业务主营化引发新的模式创新，4G 牌照发放正在掀起新一轮跑马圈地……互联网对传统行业的颠覆由点及面。央视 2013 年 11 月播报“互联网思维给我们带来了什么”使得“互联网思维”一词拔地而起，如图 2-1 所示。

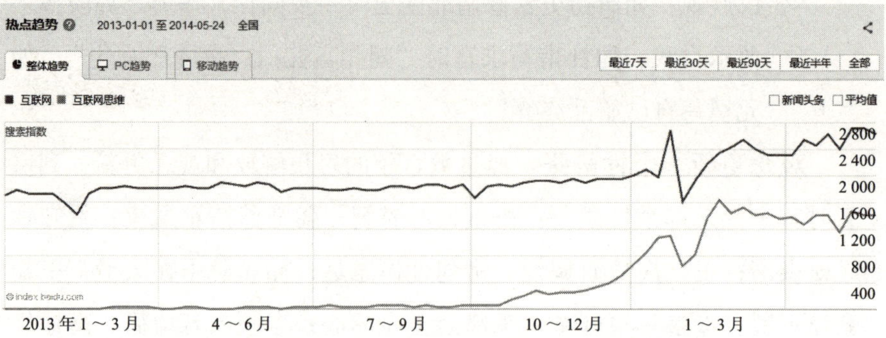

图 2-1　百度指数热词对比：“互联网”与“互联网思维”

仿如李鸿章面对英美工业文明颠覆华夏农业文明时叹言“三千年未有之大变局”，传统行业正在面临百年未有之产业大变局……我把 2014 年 3 月回国后一个多月内在华理、人大、复旦等 EMBA 管理前沿论坛的演讲整理，说明传统行业如何像唐人一样解放思想、更新观念。

什么是互联网思维?《互联网思维》一书提及 12 项：标签、简约、NO.1、产品、痛点、尖叫点、屌丝、粉丝、爆点、迭代、流量、整合;《互联网思维独孤九剑》则是用户、简约、极致、迭代、流量、社会化、大数据、平台、跨界；小米 CEO 雷军版本是专注、极致、口碑、快；搜狗 CEO 王小川则是用户量＋免费＋体验至上；阿里首席战略官曾鸣认为是平等、开放、互动、迭代；更有网友撰文认为是“一场为了生意的骗局”：乱花迷眼，莫衷一是。

万变不离其宗。老子说“将欲取之、必先与之”，一切创新创造的根本是为客户创造价值，如此才能通过商业模式收获属于自己的价值，而产品是客户价值的载体，如此则须回答价值创造的三大核心问题，如图 2-2 所示。

图 2-2　价值创造的三大核心问题

我分别以工业文明的标杆福特及信息文明的标杆乔布斯的回答做对比，抽象其背后的原则与思维模式，用纯互联网公司的做法作为补充。

用户需求是什么？

◇　福：“我问人们需要什么，答曰，一匹更快的马。”

◇　乔：“福特曾问用户需要什么，用户告诉他一匹更快的马。”

福特对用户需求的蔑视反映了短缺经济、产能稀缺的历史背景，其实用户想表达需要一个更快的交通工具，但用户知识有限，所以福特话中之意是，“算了吧您就，我用技术做出什么就是什么”，亦即行业技术推动市场需求。此时为卖方市场，企业必然以技术和产品为中心，以生产为导向。中国刚刚改革开放时亦然，如 1984 年我父母为买台彩电到处托关系。

而处于丰饶经济、技术与产能过剩时代的乔布斯同样不做市调，他认为用户一则需求个性多元，二则自己也不了解自己的需求，于是苹果以己推人，评估消费者是否与生产者有同样需求，同时预判趋势、整合技术，如 iPhone V1 ～ V3 主打多点触控、V4 力推 Siri 语音助手、V5 上线指纹识别等，至于新品能否为消费者接受，则拭目以待。

两位大咖的潜台词着眼于行业极生产力，用技术引领需求；与之相反，中国互联网公司更多是着眼于市场极，从美国拷贝创意过来后快速上线一款大致可用的产品，通过用户数据驱动运营，通过试错的快速迭代来验证痛点、定位需求，以此吸引更多流量，快速达到关键规模。

做什么样的产品去满足这个需求？

◇ 福：“你可以要任何颜色的汽车，只要它是黑色的。”

◇ 乔：“一切从产品和用户体验开始，考虑产品使用全过程的每一细节，各个环节皆传达用户体验，对用户的一切使用体验负责。”

福特用黑色T型车满足需求，其生产方式是用流水线规模经济生产标准化产品，一个型号颜色的标准化意味着牺牲个性化垂直需求以满足大众物美价廉的水平刚需，而低成本规模效应将生产一辆汽车从手工的728小时降至12.5小时，意味着超高性价比：其车价1908年850美元，是其他车型的一半，次年609美元，最后降至1924年的290美元。

乔布斯的生产方式则是将产品拆分为平台＋增值服务两部分，即iPod/iPhone/iPad ＋ iTunes/AppStore ＋第三方应用模式，因为不可能生产一款产品满足所有用户的所有需求。其中的硬件相当于半成品或渠道，通过大规模制造降低成本；iTunes/AppStore是平台，苹果开放编程接口和开发工具，让全球第三方完成个性应用；消费者各取所需从平台下载应用完成最终配置，这是以个性化应用体验提升附加值，苹果按比例抽提服务费。

纯互联网企业则应用基础产品免费 + 高级付费、用户免费 + 企业或广告商付费、买家免费 + 卖家付费、产品免费 + 增值服务付费、主要设备超高性价比甚至免费 + 配件或耗材付费等Freemium（免费增值）组合。

怎么组织实施这款产品？

◇ 福：“提高薪资是降低成本，降低薪水是减少顾客数量。”

◇ 乔："对用户，我们唯一的策略是动之以情，让他们参与其中，让他们激动感动，产生共鸣。"

T型车被分解为7 882个工种，其中949种需要身强力壮、3 338种普通体格，3 595种残疾人即可完成，社会化大分工使得生产关系的科层制、职业化管理、事业部建制等现代企业制度建立。特别在1914年，福特将工人日薪从2.5提至5美元，不仅将工人的流动率降低90%，还引发社会变革，将劳工阶层一举变为中产阶级，推动美国经济狂飙。

互联网时代则将生产关系从企业内部扩大至网络社群，后者大致三层结构，如图2-3所示：中部是生产内容或参与产品创作过程的消费者Pro-sumer（由Producer和Consumer两词合成），其中组织者成为上部的意见领袖，粉丝多出于这两层，其内部有沟通机制，线上线下有社交及互动；而下部则是关注为主的点赞消费者，包括屌丝长尾。

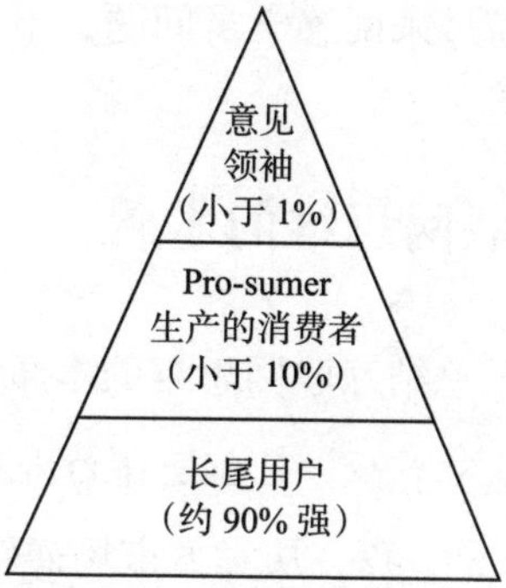

图2-3 网络情感社群结构与特征

例如2005年超女引爆粉丝经济，李宇春的粉丝叫"玉米"，张靓颖的叫"凉粉"，通过贴吧、QQ群、论坛等形成网络社群，社群负责拉投票。我那时两个电话号码，员工分成两派向我拉票，我只好各投一票。粉丝群的形成是基于共同兴趣或目标，没有传统组织的激励与约束，不妨称之为无组织的组织，其实质，产品是自我的投影，粉丝们将李/张视为自我的外化，李/张的成功即是自己的成功。

小米同理，除首推双核跨代性价比产品、销售渠道创新及借力彼时微博热爆之势，更重要的是利用其先将安卓根据国人使用习惯本土化为MIUI形成的发烧友社群的众包设计的参与。因为人类心理，当你批评别人的产品时振振有词，但一旦自己作为Pro-sumer参与其中，产品变成自我的投影，别人对产品的批评就是对自己的攻击，所以可以看到网络上米粉米黑的两军对垒。

2012 年 10 月，我将厦门大学 EMBA 的创新课移动到苏州。一个下午，隔壁会议室来了小米组织的粉丝会，我让学员们课间观摩，米粉们统一着装，气氛热爆，台上游戏，台下拍掌器疯拍狂赞，令学员们叹为观止。学员大都是企业老总，纷纷表示想不通，说怎么一款产品搞得跟传销似的，于是我现场请他们活动完后做个分享，最后三个米粉过来回答学员问题，不遗余力到颇失理性。

互联网思维的本质

总结互联网思维的本质，不妨用一个中心两个基本点表达：

◇ 一个中心是在行业极技术与产能过剩、市场极多元与个性自我、从卖方市场逆转为买方市场的历史背景下，将农业文明的高成本差异化及工业文明的低成本同质化各自取长加总为**互联网思维的低成本差异化**。

根据波特竞争理论，低成本必然同质化，差异化必然高成本，这个农业与工业文明时空的矛盾需要在更高级的信息文明时空解决，因为互联网具有边际成本递减这一与农业与工业反向的低成本扩张特性。

◇ 第一基本点是在互联网使信息不对称优势从企业逆转到用户的历史背景下，将传统行业 Inside-out 产品思维转为**互联网的 Outside-in 体验思维**。

任何产品都包括实在的内容形式的产品部分，以及虚拟的体验情感等两部分，亦即老子的“有之以为利，无之以为用”。传统行业只有产品而没有体验的概念，产品卖出则交易结束，其思维模式是我们生产什么，则用户接受什么；而互联网思维则是从体验的视角看产品，其思维模式以“你是谁，你需要什么，我们怎么帮助你”为设计起点。

产品思维一般是水平思维、理性思维，主打通用需求如质量、功能、性能、价格；而体验思维则是垂直思维、感性思维，因为个体体验不一，隐含着个性需求。当我们“水平 + 垂直”地考虑用户从购买到使用的全过程体验时，就会产生所谓的细节主义、极简主义、便捷极致、个性化定制等要求，而未来地竞争更多地是在“无”中展开，以“无”助“有”。

◇ 第二基本点是在互联网极大降低了交易成本的历史背景下，将传统行业的渠道 + 广告思维转为**互联网的社群 + 口碑思维**。

改革开放前 30 年中国企业的成功公式可概括为性价比产品 + 渠道建设 +（央视）广告，从用户决策的视角如图 2-4 上部；而互联网思维是社群先于客户，构建情感社群、启动粉丝经济，主打基于社会化网络的口碑病毒式传播，如图 2-4 下部，用好了尤适于缺乏独立精神、自由思想的中国百姓而引发羊群效应。

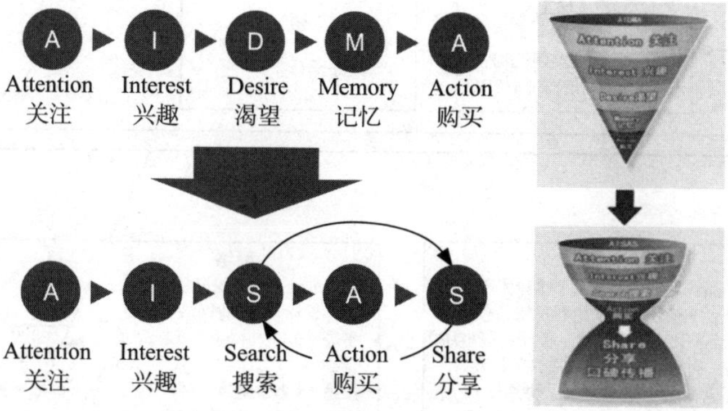

图 2-4　传统与网络的用户决策过程对比（资料来源：网络）

其中粉丝是主动且苛刻的小众用户，其本质是在产品中或线下同城交友中寻求自我认同，其特征有：粉丝更愿意分享消费体验，当达到一定数量时可以引爆病毒式传播；粉丝的参与和反馈推动产品的运营及迭代；粉丝凭情感来，凭情感去，容易翻转成黑，必须注意处理负面信息。对比欧美日韩的明星，粉丝是其主要收入源，有的高达总收入的70%，乃至凯文·凯利认为，对于任何创作者，只需拥有千名铁杆粉丝就能糊口。

我的好友，前土豆网CTO赵亮这两年的创业项目“饭团”系列就是主打明星的粉丝用户群，一个明星一个APP，内容由粉丝生成，粉丝自己形成管理组，类似于百度贴吧吧主，而非传统思维的明星的自媒体APP，后者大都由各自的经纪公司开发，均未成大气候。

由此纲举目张推导其他，我作图2-5比较说明三大文明思维范式。

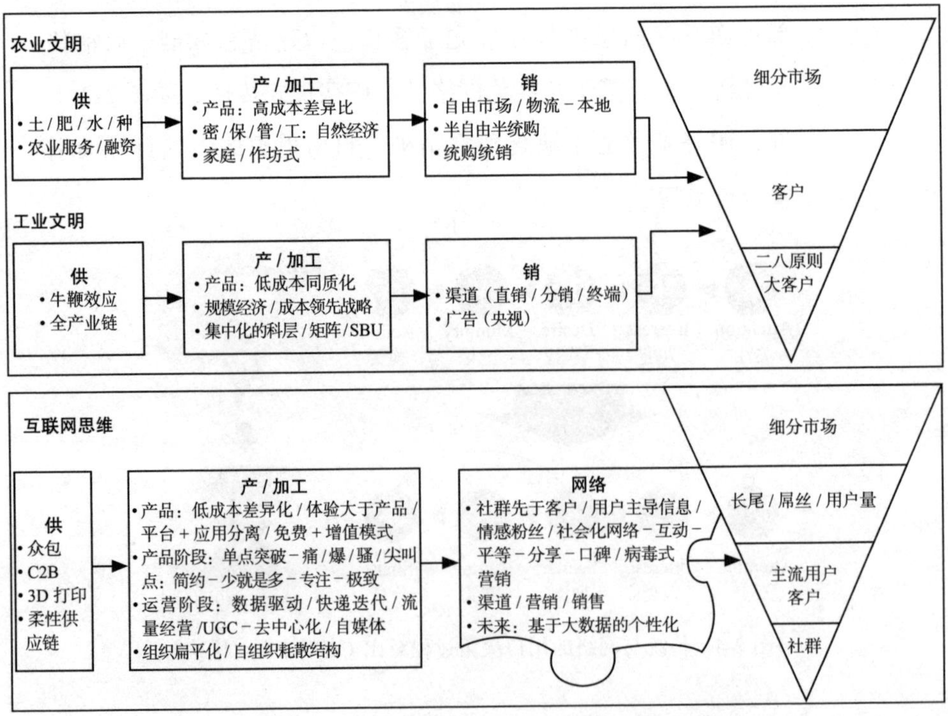

图2-5 从价值链角度比较三个文明的思维模式

组织创新、利益调整

解决了头脑的观念问题后，生产关系创新紧接着是解决屁股决定脑袋的利益问题。

对诗人这种“个人企业”而言，我看到三个现象：一是宫廷诗人如沈宋的成就，远不如社会寒士诗人如李杜；二是寒士诗人在宫廷上班时的成就远不如其在社会厮混之时，如李白任职国家首席娱乐官时的最高马屁之作《清平乐》，尽管有“云想衣裳花想容，春风拂槛露华浓”的名句；三是在宫廷处于春风得意上升期的产品不如被贬谪的下降期的产品。

深入了解原因可阅《半面创新》哲学层“熵”的部分。一言以蔽之，人性趋利避害、好逸恶劳，创新统计意义上诞生于兼有睥睨群雄的优越感和为生计愁顿的忧患环境，亦即生于忧患、死于安乐也。

再看组织。个体的集合形成了组织，组织结构的本质是利益结构，什么样的组织方式最适于创新？

我大概每40天飞趟广东授课，若在深圳，常招呼腾讯的朋友们海吃海喝，席间少不了揶揄他们一番，说咱这屌丝都希望发前人之未发，哪怕虽不能至，也使劲心向往之，你们都高大上到这档次了，还老偷鸡摸狗地山寨这那，真是什么改不了吃什么。大家哈哈大乐，说没办法啦，屁股决定脑袋嘛，干他KPI一杯。

这几年腾讯因微信而一洗山寨霸主之耻，尽管起点还是从美国Kik Messenger模仿而非原创，或者原创如微信红包者是基于其上的二次创新，大家推杯换盏，鼓励腾讯继续上前一小步、文明一大步。

列举一两个原创，如：

- 百度：知道、贴吧
- 阿里：光棍节、余额宝
- 腾讯：微信红包

● 360：免费杀毒模式创新

觥筹交错一番后，朋友们要我猜谁最恨微信，我说应该有三个层级：革命阵营的内部竞争一般比外部血腥，第一恨肯定是QQ团队，因为微信动了它的KPI奶酪；其次应是同一竞争量级的马云，还没上市阿里王国就剧烈颠簸；最后才是扶不起的运营商们，管它啊抖还是不抖，免提。大家笑言善哉。

然后我再跟朋友们分析，说你们的体制机制是长不出微信这种左手砍右手的产品，之所以做成是因为无意中符合组织创新的要素：第一，微信团队不是亲生，是被收购的Foxmail团队；第二，团队在广州，与总部深圳分离，情感关联较少；第三，团队是研究院性质，不参与KPI绩考；第四是先斩后奏，看好了私下做，做到一定规模了才报批总部，客观上形成了二元体制、二元机制的独立时空，如表2-1所示。此表用于实施足够，有兴趣了解原理可查《半面创新》“组织创新”章节。

表2-1 组织创新实施矩阵（两大关键字：观念+利益）

组织创新方法 （体制与机制二维思考）	当前业务 当前企业基因	创新业务	
		与企业基因吻合	与企业基因不符
分散式——将创新人员分散到现有组织结构中	主流组织 ● 效率优先 ● 运营导向 ● 量化绩考 ● 厌恶风险	20%左右 统计成功概率	一定失败
集中式——为创新团队成立独立事业部甚至独立企业（最好与主流组织实际分离）		二元组织，可以一元KPI，但需给培育期，建议二元KPI	二元组织，必须二元KPI ● 一把手具有创新业务基因/观念 ● 组织从零开始独立组建/观念 ● 构建自己的流程、结构和文化 ● 控制好新旧业务矛盾

唐诗其他成功要素

穿越回到唐诗行业，其他成功要素如：

华夷血脉性格融合 “犯强汉者，虽远必诛”，大汉DNA经儒家仁义礼智数百年熏陶而方刚不复。另一方面，国史上汉人南迁是大势，既因人口增长与耕地减少，也因北方游牧民族南侵，后者常常几十万人迁占黄河流域，由是华夷通婚几百年，为汉族注入新血。

甚至李唐崛起，史学大家陈寅恪说，"盖取塞外野蛮精悍之血，注入中原文化颓废之躯。旧染既除，新机重启，扩大恢张，遂能别创空前之世局。"其开国母系是鲜卑，有意促使华夷通婚杂合，产生了与传统农业社会不同的气象恢弘的唐诗情调。

南北地域文化融合　隋唐统一前是五胡乱华的割据混战到南北朝的对峙分立，共369年大分裂。魏征在《隋书·文学传序》中指出，南方文学清秀柔婉，北方质朴阳刚，建议取长补短，最后成为统治阶层的自觉，特别是李唐集团成员以北方人为主，用北方的风骨豪迈来融汇南方的声律辞采。

与音乐、舞蹈艺类融合　历史上西域在音乐、舞蹈方面比中原技高一筹。舞蹈自不待言，被儒家教化后的汉人几乎丧失了舞蹈基因。以音乐为例，唐代十部有八部源于西域，政府和社会上也是胡乐独盛。胡乐强健的音响和节拍、演奏时的声情激荡使得诗人才思飞扬。

与海外的跨文化交流　唐与周边各国文化交流密切。如日本在有唐一代共派遣唐使14次，最多一次为500人，唐代诗人与日本遣唐使往来的唱和之作甚多；又如新罗（即朝鲜半岛）留学生甚至参加唐代科考，自穆宗长庆元年至唐末的80多年间，进士及第的有58人。

高端人才的才艺交流　西方现代文明的起点是文艺复兴，之所以发生在意大利佛罗伦萨，美国学者约翰松研究称为"美第奇效应"。美第奇家族是佛市统治者，出资延请各国各领域锐意创造的雕塑家、科学家、诗人、哲学家、画家等云集于此，这些异质化的高端人才得以彼此交流，打破了地域、学科、文化壁垒，引爆文艺复兴。因为创新本质之一是创造性碰撞，即思想对撞使得大脑中存储的离散电位信号跨界关联出灵感火花。图 2-6 是 2014 年 2 月重走文艺复兴路时拍摄的美第奇官邸，是彼时各国人才的交流场所。

图 2-6 佛罗伦萨美第奇官邸内景

唐诗行业亦然。唐诗研究大家傅璇琮先生在《唐代科举与文化》中考证了每年来自全国各地、通过层层选拔的千儿八百至二三千人规模的举子，在秋冬之际，最迟十月份云集首都，考试是来年正二月。八方举子汇长安，几个月备考期间举子们既要拿诗作拜会名流权臣，也要互通声气结成同年朋党，形成了代表中国知识界最高水平的考生在狭小时空的才艺交流。

其他成功要素如科举制创新，放第 3 章；格律技术创新在第 4 章；还有统治者开明，如白居易《长恨歌》开篇“汉皇重色思倾国”，虽把唐改为汉，但在其他朝代也应被文字狱了。

总之，唐诗行业大面积创新成功的关键要素，是中华大地形成了儒释道竞争的开放的思想市场，以及民族、地域、中外、艺类的创造性碰撞，如图 2-7 所示，由此引发观念解放、价值多元，从而再造民族DNA，使得自我意识空前膨胀。这些高端人才独立精神、自由思想的高质量交流碰撞，引爆盛唐气象，我赋诗《七律二首 · 创世纪》为证：

其一

炎黄谱盛马班修，
孔老杯欢李杜酬。
四大发明推宇宙，
九流学脉护金瓯。

兼容包并张千竞，
罢黜独尊窒六畔。
长恨百年香火黯，
世说新语创神州。

其二

谁承上帝新光造？
孔圣牛爵创业雄。
百战素封首富榜，
一疏醉魄状元红。
高阳秉鉴雪岩险，
湖畔宣怀云马兢。
先正黄钟方破咒，
火炎焱燚自阳明。

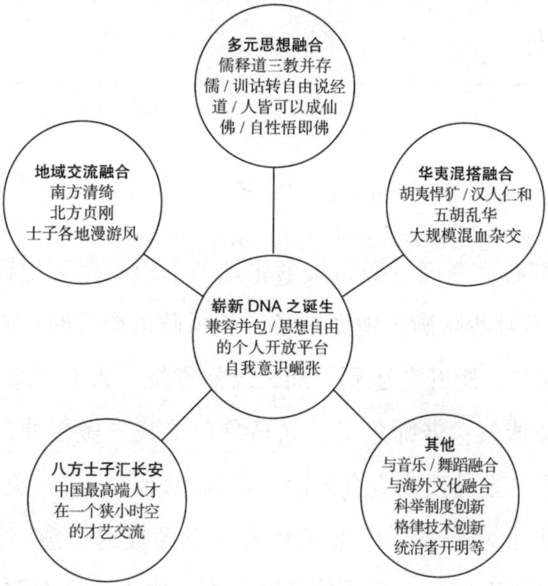

图 2-7　唐诗大规模创新成功的路脉：思想解放→观念阔达→个性崛张→心游万仞

第3章 朝辞田舍暮登堂，千首诗轻万户侯

生产方式创新

——商业模式创新 / 制度创新 / 战略创新

朝为田舍郎，暮登天子堂。

——（元）高明，《琵琶记》

谁人得似张公子，千首诗轻万户侯

——（唐）杜牧，《登池州九峰楼寄张祜》

> 支撑唐诗行业持续繁荣的制度创新是科举制，从其设计可归纳建模 HVAS，以此模型演绎商业模式创新，可形成系统化的实操落地矩阵，并以 360 为例阐明；以此模型演绎百度、阿里、腾讯在 PC 互联网与移动互联网时代的战略创新，并与美国四大创新企业类比分析。

1986 年准备高考时，我每天紧张地“书山有路死记径，学海无涯硬造舟”，时不时踌躇满志地做一番“长风破浪会有时，直挂云帆济沧海”的清秋大梦。距开考还剩一周，突然发烧。人有三急：我先急了，立马告知老师请假；老师急了，立马拿药给我先做缓冲，令我告知父母；父母急了，立马接我直奔医院。西医点滴，中医针灸，双管齐下，死马活医；进去发烧友，出来正经人，当场烧退痊愈。这就是高考，悠悠万事，唯此为大……今月曾经照古人，唐人“高考”也紧张……

那时还叫科举，有个考生朱庆馀，考前紧张地给水部员外郎张籍递条子，献诗探虚实：

洞房昨夜停红烛，待晓堂前拜舅姑。妆罢低声问夫婿，画眉深浅入时无？

诗中写了一个唐俗，即新嫁娘在婚礼次日清晨拜见公婆（时称舅姑），朱庆馀创新地以新娘自比，以张籍比夫婿，舅姑比考官，就科考前景询问“入时无”，即能否过关，把丑媳妇见公婆的期盼、含羞而又矜持的心理刻画得入木三分。

张籍以擅诗而又乐于提携后进与韩愈齐名，看过后激赏，回诗道：

越女新妆出镜心，自知明艳更沉吟。齐纨未足时人贵，一曲菱歌抵万金。

仍以喻作答，把浙江人朱庆馀比作越女，把其诗比作菱歌，尽管有不少穿丝披绸的美女，那不重要，意在言外——你小人家才华横溢，有我老人家在，甭为考试担心。

唐代科考限时、限题、限韵、限诗体，在极度压抑的考场氛围下，能正常发挥即属成功，要想挥洒性灵，写出才情俱佳的神品，有唐三百年不过两首而已。合规的如大历十才子之首钱起驰骋想象、上天入地的《湘灵鼓瑟》，结尾两句是千秋神笔：“曲终人不见，江上数峰青。”

要不然就得敢于创新，打破考试的框框。例如，洛阳诗人祖咏来长安应试，考题《望终南余雪》，要求六韵十二句的五言排律。祖咏眼望余雪，想到的不但是外地人进京赶考的身心之冷，更悲天悯人地感伤着百姓饥寒交迫之冷，于是一气呵成，提前交卷：

终南阴岭秀，积雪浮云端。林表明霁色，城中增暮寒。

主考官愣了，不合考规！祖咏辩解道，写到第四句时便觉情满意尽，不想画蛇添足。于是，一首被后世评为可与陶渊明“倾耳无希声，在目皓已洁”、王维“洒空深巷静，积素广庭闲”相提并论的咏雪名作诞生，祖咏被破格录取。

祖咏打破常规属于统计噪声，更一般地，当决定一生贵贱荣辱的生死大考结束后，考生们患得患失地等待发榜，上榜则“人生得意须尽欢，莫使金樽空对月”，落榜则“此情无计可消除，凄凄惨惨戚戚”。诗人孟郊，41 岁第一次科考失败，悲愤地写下《落第》诗：

晓月难为光，愁人难为肠。谁言春物荣，岂见叶上霜。
雕鹗失势病，鹪鹩假翼翔。弃置复弃置，情如刀剑伤。

卷土重来，依旧是名落孙山，孟郊黯然伤神，赋诗《再下第》：

一夕九起嗟，梦短不到家。两度长安陌，空将泪见花。

刺股悬梁第三回，守得云开见月明，金榜题名！孟郊喜极而狂，一首《登科后》意到笔成千古传：

昔日龌龊不足夸，今朝放荡思无涯。春风得意马蹄疾，一日看尽长安花。

促使唐诗繁荣的制度创新或商业模式创新是科举制。此前的中国人才选拔制度有三。

◇ 秦朝之前为世袭制。西周时，天子分封天下，国家由天子、诸侯、卿、士分级负责，各阶层按血缘世袭。春秋战国时礼崩乐坏，有了“客卿”、“门客”等体制外人才。

◇ 汉朝用察举制。汉代由各级地方推荐符合儒家标准、德才兼备的人才，州推举的称为秀才，郡推举的称为孝廉。缺点是缺乏客观标准，后期地方徇私而垄断了上升通道，诗证“举秀才，不知书。举孝廉，父别居。寒素清白浊如泥，高第良将怯如鸡”。

◇ 为了打破特权阶层垄断政权，曹操下求贤令“唯才是举”。魏文帝曹丕以九品中正制落实，由中央指定中正官考评民间人才，分品录用，实质是将察举权由地方收回中央。两晋、六朝沿用。然而魏晋世族势力强大并干涉考评，诗证“上品无寒门、下品无世族”。

◇ 为了再次打破世族门阀垄断政权的局面，隋朝605年创科举制，统一标准、开放竞争，唐承隋制并做了完善，无怪乎当李世民看到新进士鱼贯而入，心花怒放道：“天下英雄尽入我彀中矣”。一直沿用到1905年清废科举，整整1 300年。从此，个人前程由政府主导的KPI——高考定终身，它对中华民族的价值观产生了决定性影响，甚至及至当代，身为教师的父母从小对我耳提面命：万般皆下品，惟有读书高。

当然，唐代科举仍有察举制的尾巴。文史大家程千帆先生在《唐代进士行卷与文学》中考证，举子试前把自己的作品呈送名流权臣，希望他们向考官推荐，这叫“行卷”。因那时没有宋朝之后的糊名、誊录制度，考官评卷时可以看到考生名字，名声成为参考指标。如王维在科考前到玉真公主家卧底，扮成乐工演奏乐曲并投献诗作，后来高中状元多少与公主的帮助不无关系。

如此一来，名流权臣对考生的推荐就非常重要了，有时甚至在考前，主考官就内定好了录取人选。如《太平广记》所载崔郾任洛阳主考官时，太学博士吴武陵以杜牧的《阿房宫赋》向他举荐杜牧可为状元，但前四名都已内定，最后把杜牧录为第五名。

科举制度创新对于唐诗繁荣影响重大，它造成了上自帝王将相高富帅，下至渔樵妓隶矮穷丑，全社会人人学诗、吟诗、品诗，甚至写诗的局面。对读书人而言，无论是否及第，几乎都有科考经历，八方士子汇长安，形成了全国的才艺交流，再加上与行卷之风不无联系的漫游风习，既游历名胜古迹，又唱和切磋，还接触到社会民生，为诗人们提供了广泛的素材。

归纳建模——HVAS 模型——用于生产方式层级的创新

总结科举制的创新过程，我建模 HVAS，如图 3-1 所示。其中，H 是 History，以史为鉴，一般而言，这一层级的创新须以把握本领域或本行业的历史脉动作为基础；V 是 Value，价值维度，包含客户价值和自我价值两类；A 是 Art，艺术维度，即柔性的直觉、人性；S 是 Science，科学维度，刚性的理性、逻辑。四项之后是付诸实践的试错及反馈持改的调整，我用中间部分的绕环表示。

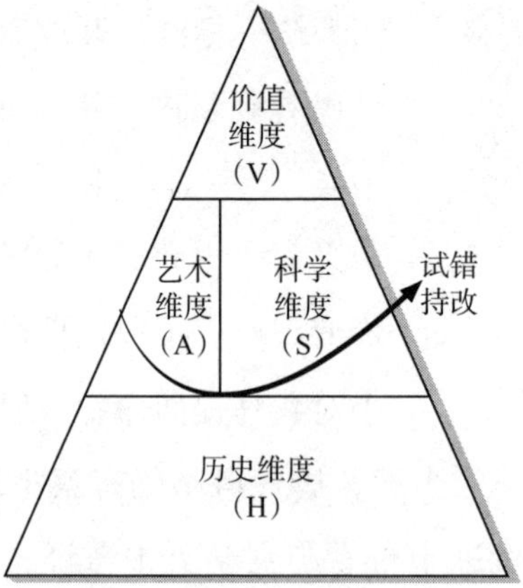

图 3-1　生产方式创新的 HVAS 模型

HVAS 模型大致也是这么一个思考顺序：先思考历史维度，在研究完历史演进成因并总结规律之后，再行确定价值取向，以及是否需要做价值创新；然后在价值维度的指引下，生成艺术维度的软直觉和科学维度的硬逻辑。任何模式、制度、战略都有艺术的人性部分和科学的刚性部分，只是比例多寡，所谓李白“清水出芙蓉”的灵性与杜甫“为人性僻耽佳句”的理性的混搭。

用HVAS模型回顾科举制度创新：

历史维度就是我们考察世袭制→察举制→九品中正制的演进原因，结论是：制度创新的价值取向是抑制权贵把持平民百姓的上升通道。

价值维度。“天下英雄尽入我彀中矣”，李世民一语泄天机。“彀”是张弓射箭，“彀中”就是弓箭的射程范围，比喻圈套和牢笼，即其价值设计的核心就是使目标客户——最有可能对统治稳定造成影响的有独立精神、自由思想的读书人，按照统治者指定的思想洗脑，目的是培养忠诚于统治者事业的依附人格。借鲁迅先生的狠话，中国历史只有两个时代，暂时坐稳了奴才的时代和欲做奴才而不得的时代。

两大价值——客户价值与自我价值——如何交换？韩非子曰“主卖官爵，臣卖智力”，所以价值维度决定了考试的内容不重要——可诗赋八股、可数理化文，这种考试形式才是其产品本质，即入彀是目的，至于以什么使之入则不重要。我赋诗《七律·家祭》为证：

最是食嗟自不由，
主标嚼价众粱谋。
宁驰孤胆千重浪，
不捧慵心万载舟。
唯恐早成难大器，
更忧晚未竞无收。
绛条家祭其谁我？
《半面》先生细柳周！

当然，不像信息时代，咫尺望尽天涯事，千年前的寒士读书人，科考进体制是人间正道，进不去的只能归隐田园山林，而长期处于穷乡僻壤、信息闭塞的环境将使得眼界暗淡，诗才衰减，更难从时代精神、多元生活中获得题材。即使现代，我们那时的高考录取率只有4%左右，大学生还是天之骄子，社会还没多元分流，我的一个学习不错的高中同学，因夜闯老师办公室偷试卷，最后被取消高考资格，一生蹉跎。

科学维度就是设定具体的考试内容、考试流程等。

艺术维度是诸如行卷、门荫等。

试错持改是实践中且行且改，如武则天时代增加了殿试。

除了制度创新，生产方式层级的其他创新，如商业模式创新和战略创新，我分别用 HVAS 模型结合互联网行业案例演绎。

演绎 HVAS 模型：商业模式创新

商业模式是企业如何挣钱的方式，所以模式创新应是创造或者整合、找寻比现在更好的挣钱方式——空间维度挣得更多、时间维度挣得更久、人间维度客户情愿。从老子“将欲取之、必先与之”原理倒推，实质是考虑要么在现有价值格局中优化，要么为顾客创造全新价值。我以奇虎 360 颠覆杀毒行业的模式创新说明。

历史维度 原来杀毒属于软件行业，前三名是瑞星、金山、江民，主流商业模式是卖软件的授权许可证，即用户付费从这些企业的网站或其代理商处购置软件，安装之后维护电脑在一段时间内的安全，期间有新病毒出现则免费从网络上升级，有效期过后则用户续费续购。

软件行业的主流模式：

- IT 行业起步于大型机，彼时软件是硬件的附庸，是用户购买硬件时的赠品。
- PC 革命时盖茨发明授权许可证模式，即软件是产品，存储于软盘或光盘上，独立于硬件售卖，将软件变成了一个行业。
- Salesforce 发明订阅模式，即软件是服务，存储于服务器，按需 / 时间 / 人次付费。

价值维度　互联网行业一般最大化客户价值，即免费，那么企业如何获取自我价值？PC 互联网的演进四部曲为：浏览器→门户→搜索→社交网络，本质是入口与流量之争，然后流量在中国主要通过三大盈利模式或其组合变现：一是广告，用户免费，由第三方付费，如新浪旗帜广告、阿里位次广告、优酷正片前的视频广告、百度搜索结果中的广告或右侧显式广告等；二是虚拟或增值服务，如网游中卖装备、微信卖虚拟用品如表情；三是电子商务赚买卖差价。

艺术维度　模式创新就是在客户价值与企业价值间权衡的艺术，成功的模式创新既能提升客户价值，也能为企业带来现金流和独特竞争优势，同时还给对手设定一定门槛。

科学维度　首先是理解顾客购买你的产品需要实现的目的是什么，然后看看能否就此目的提供更大的价值，于是模式创新的起点是创新的客户价值主张。继续倒推，客户是谁？不应仅是终端消费者，还包括上游供应商、下游经销商等，即需要完整地考虑企业生态链能否支撑新的价值主张，于是模式创新的落点是企业内外价值链各环节的整合、优化或创建，而价值链有行业链、企业链、业务链三个层级，依此作出落地流程如表 3-1 所示。本节仅述 360 案，其他模式创新案例可参阅《半面创新》的“商业模式创新”章节。

360 为表中 A2，即在现有行业中创建了一条全新价值链，它用互联网思维颠覆了软件思维。

第一步从安全卫士切入，重新定义安全，即安全不仅仅是杀毒。通过与杀毒软件的差异化定位，在产品中增设查杀流氓软件、杀木马、打补丁、开机加速、清理垃圾等功能，软件由用户免费下载，它给安全行业带来颠覆式的冲击，由此积累了海量用户。

第二步建立入口，流量变现。当用户下载完安全卫士之后，弹出一个对话框，问是否接着要下载安全浏览器，大约六成左右用户下载。即 360 以浏览器为切入点，将原来浏览器的信息首页变为网址导航，对用户免费，但对导航页的企业或广告收费，同时还有搜索框的搜索广告收入。

表 3-1　商业模式创新思考方法矩阵

商业模式创新方法矩阵		新的客户价值主张→企业的三级价值链的整合 / 优化 / 创建
利益相关者	A 行业链层级	A1 现有行业，存在价值链：重新定义这个价值链
		A2 现有行业，没有价值链：创建一条崭新的价值链
		A3 现有行业的价值链向其他行业转移
		A4 行业不存在，开创全新行业及价值链
	B 企业链层级	B1 整合内部链 / 运营链优化 / 流程再造
		B2 整合外部链：横纵一体化 / 整合供应商 / 渠道商 / 网络资源；联盟 / 并购 / 外包 / 离岸外包
		B3 内外统合及多元化
	C 业务链 / 产品 / 技术级	C1 重新配置产品 / 服务 / 体验三位一体的价值组合，如 1+N、产品服务化，产品解决方案化、知识产品授权、C2B、平台模式等
		C2 改变定价模式：0+N、卖转租、时间变空间、空间变时间等
		C3 重大技术或产品创新导入
利益无关者	D 网络资源	众包 / 人群 / 志愿者

2013 年 10 月，我在中国计算机大会上与 360 副总裁谭晓生等做了一个创新创业论坛演讲及对话，征得晓生同意后，我把他 PPT 中的模式创新部分截图如 3-2 所示。一言以蔽之，就是免费安全 + 商业街模式，通过免费安全聚合了约 4.57 亿的海量用户，并以开放平台的方式，与合作伙伴分享用户和流量，建立起多方共赢的互联网生态体系。

这就是第三步的平台模式，开放给第三方应用，跨领域合作，共享收益，构建多方共赢的生态系统。我仅以图中的游戏开放平台为例——在其浏览器导航页左上角有一个“游戏”按键，点击则进入到游戏导航页，当用户流量倒入某游戏，如果该游戏不挣钱，360 则不

图 3-2　奇虎 360 的模式创新

收费；如果挣钱，则 360 与之分成。晓生告诉我，这个小小按键一年产值 20 多个亿。

举一反三，手机曾是产品模式，霸主诺基亚通过快速多产品战略在 2007 年达到巅峰，全球市占率 37.8%，市值 2 000 亿美元。2007 年苹果用 iPhone 重新定义手机，将通信工具变为移动互联网的入口平台，即人们的大部分时间是花在通过下载第三方应用的上网、娱乐、社交网络等非通信功能上，随之安卓跟进，一举颠覆手机行业，诺基亚手机业务 2013 年被微软以 72 亿美元收购。

当然，平台内有开放与封闭之争，这是模式创新的战略层面之选择，如安卓选择开放，苹果选择封闭。中国市场这几年，在决定下一轮竞争的战略布局层面，三大互联网公司百度、阿里、腾讯兼并动作不断，我们不妨审视其战略创新。

演绎 HVAS 模型：战略创新

布局战略万变不离其宗——在保持或提升客户价值的前提下，自己如何持续增长并遏制竞争对手的增长。

篇幅关系，艺术与科学维度不述，围绕价值维度的三大模式——广告、电商、网游或增值服务，本文体察历史维度的新旧战略演变，新旧以 2011 ～ 2012 年微信爆发为界。先看旧的。

百度掌控流量，其流量套现的根据地是搜索关键词的竞价排名，此前其增长布点主要围绕这么几个战略动作：一是根据地挖潜，于是做凤巢系统以产生更多的关键词或组合；二是电商，包括自做的“有啊”、合作的乐酷天等；三是网游，扶持游戏开发商的双百计划；四是框计算 / 登录页计划，开放平台整合供应链内容合作伙伴，将流量体内循环；五是在个别看好的垂直领域深入，如投资爱奇异、去哪儿等。

腾讯的战略意图是成为在线生活整体解决方案供应商，路径选择是吃独食。最初靠移动增值和互联网增值变现打底，为保增长布局如下：做网游（已是中国最大）、做电商（QQ 商城、拍拍网等）、做广告（含搜索引擎搜搜）、海外新市场。这些新业务的推广方式为用户登录 QQ 则弹窗推荐新产品，这就是 2010 年 3Q 大战的实质，360 以扣扣保镖阻截未经用户许可的弹窗，一把抓住了腾讯的命门。

阿里方面，不管是 2007 年达摩五指、2008 年大淘宝抑或 2011 年大阿里战略，其实就那几个家当来回分拆重组，以组织创新应对竞争变局，B2B 平台阿里巴巴 +B2C 平台天猫 +C2C 平台淘宝 + 一淘比价 + 支付宝 + 阿里云，2013 年又美其名曰“平台 + 金融 + 数据”战略，万变不离电商生态平台构建，变现主要来自广告（直通车广告、品牌广告等）、会员服务费（如 B2B 的中国供应商、诚信通等），及眼花缭乱的金融服务等。

2011 ～ 2012 年微信及移动互联网爆发后，三巨头通过大规模兼并进行战略创新，抓住本质纲举目张，移动互联网与 PC 互联网本质仍是入口与流量之争，格局大致如下：

◇ App 世界的应用分发渠道如网龙的 91 无线、豌豆荚等（基于 HTML5 的网页 app 尚未成为主流）；

◇ 网页入口如 UC Web 手机浏览器，基于客户端 app 入口如百度搜索 app 等；

◇ 跟地理位置 LBS 和现实生活相关的入口，如百度地图、大众点评、美团团购等；

◇ 线下的智能手机预装，如通过三大运营商定制手机、各级代理商等。

百度擅长围绕搜索引擎周边的服务器类产品，如 MP3 下载、贴吧、知道、百科、文库等，而短板则是客户端产品，如即时通信、解压、输入法、浏览器、播放器等都未竟大功。进入移动互联网时代之后，一是广告模式在移动端因屏幕限制不成规模，二是搜索大都不是网页形式，而是 APP 或 LBS 形式，于是 2013 年以 19 亿美元天价收购 91 无线弥补分发渠道的短板。我 12 月回美前 91 无线老大刘德建拉我讨论设计时，向他祝贺在创业网龙成功之后梅开二度。百度收购是在腾讯、阿里抢购式布局及 360 手机助手强势崛起的背景下的决策，尽管 91 无线还包括手游、游戏联运平台和社区，拥有运营、支付和用户大数据分析体系。当前百度移动端十几款产品用户过亿，最著者如百度地图。

腾讯开窍了，3Q 大战的教训实则是中国互联网行业联手与腾讯作战。为实现其一站式在线生活的愿景，独食之外尚有其他路径选择。在手握微信重器之后，腾讯战略创新为“二股东战略”，即通过入股自己弱势领域的合作伙伴并由后者完成，腾讯分享收益。例如，入股搜狗就把自己不擅长的搜搜引擎整合进搜狗，入股大众点评则把自己不擅长的高朋、F团等团购打包进点评，入股京东则把自己不擅长的QQ商城、拍拍、易讯等并入前者，自己专注做核心竞争力的微信、QQ等平台建设，打造移动生态圈。另外，移动互联网及O2O增加了空间维度的位置服务，地图成为战略入口资源，而中国双寡的高德被纳入阿里麾下，另一家四维图新，百度与腾讯均使用其地图，腾讯再次抢得先机入股。以上深谋远虑，令人击节。

阿里城池告急，因腾讯欲以微信在移动电商时代完成对阿里的全面颠覆，阿里短短几年紧急出手深化根据地：O2O方面入股美团、丁丁、高德、银泰商业等，当然也自建淘点点；物流方面入股海尔旗下日日顺物流等，也自建菜鸟；入口流量方面收购UC浏览器、入股新浪微博等，也自建来往，并与UC合作了移动搜索神马。其他方面布局诸如文化，入股华谊兄弟、文化中国、优酷土豆、华数传媒等；金融方面，入股恒生电子、控股天弘基金等。总之，感觉是与其自有电商生态圈一起构建一个中心平台+外围入股企业的人流、物流、信息流、资金流的闭环商业生态——阿里本身比较封闭，如此变得更为封闭。

值得一提的是阿里并购了拥有美国物流体系的ShopRunner等四五家美国公司，除了满足中国客户的海外网购，我这次在西雅图写作，与亚马逊总部的中国员工春节聚会聊天，大家不无担心5年内阿里杀入美国与亚马逊的巅峰对决。

战略短板：三强中以产品文化的腾讯战略态势最好。

百度方面，我给他们大多数的产品组上过课，彬彬内敛，典型的工程师文化，当然也缺股狠劲。百度在PC时代有用户没客户，因为用户搜完则击穿引擎而至目的地网站。移动时代可通过APP获得客户，对热门应用如地图，或高端应用如指数则通过注册而获客户。战略挑战主要是其战略力及持续技术创新，前者在三强中被动应对，目

由此看出中美不同。

一是美国更多从行业极切入，原创技术，如语音助理、穿戴计算、体感计算、机器人等；中国更多从市场极，如利用原来的客户资源或渠道做互联网金融，或在美国原创基础上做应用创新或模仿后的二次创新。

二是软硬件与服务三位一体，提供大规模个性化的解决方案。盖茨 2005 年预见了这个行业大势，即“The next generation of the Internet is being shaped by its ‘grassroots’ adoption and popularization model, and the cost-effective ‘seamless experiences’ delivered through the intentional fusion of services, software and sometimes hardware”。

三是下一个大浪的布局之争。后互联网时代的下一浪应是智能化，智能硬件方面四大公司全部进入；智能软件的基础是云计算和大数据，也全部进入；智能应用如语音助理 Siri、Cortana、Now 等已经开始竞争。

回到科举制，1 300 年共产出状元 592 名（一说 504 名）。状元本来以文得名，他们一般也有诗文传世，可称得上国之大家的如唐王维，宋张孝祥、文天祥、明杨慎等寥寥几人，而耳熟能详的大家如李白、杜甫、白居易、唐宋八大家等竟无一人是状元。即使放宽到其他领域，如唐柳公权（书法）、五代王溥（史家）、宋陈亮（事功学）、清吴其濬（植物学家）、翁同龢（政治家）、洪钧（外交家）、张謇（企业家）等，成才者仅此。

再看当今，中央教科院调查结果：自 1977 年恢复高考到 2011 年 34 年间，各省共计高考状元 3 300 名，没有一人在任何一个行业（包括科技界）成为领军人物（《上海教育》2011 年 12A 期）。

千年大数据分析能得出什么结论？

类比美国，仿佛不辍学不能成就大业，乔布斯、盖茨自不必说，甲骨文创始人埃里克森，戴尔电脑创始人戴尔，雅虎创始人杨致远和费罗，谷歌创始人布林和佩奇，Facebook 创始人扎克伯格……

第4章 不知细叶谁裁出，二月春风似剪刀

生产力创新

——技术创新/数据创新

碧玉妆成一树高，万条垂下绿丝绦。
不知细叶谁裁出，二月春风似剪刀。
——（唐）贺知章，《咏柳》

唐诗产品的支撑技术是如何创新出来的？技术创新可由单一时空中的三维切入及外来时空建模分析。唐诗技术与软件、硬件、互联网技术的演进有什么共同规律？在原创技术尚需时日之时，当今最有效的技术创新手段——跨界混搭、边缘革命、底层颠覆如何展开？

开国帝王们的诗歌如何？

◇ 汉高祖刘邦《大风歌》：大风起兮云飞扬，威加海内兮归故乡，安得猛士兮守四方。

◇ 唐太宗李世民《帝京篇》：秦川雄帝京，函谷壮皇居。

◇ 宋太祖赵匡胤《咏月》：未离海底千山暗，才到中天万国明。

本朝评之：秦皇汉武，略输文采。唐宗宋祖，稍逊风骚……俱往矣，数风流人物，还看今朝。今朝信息文明时代，作为时代标志的程序员群体，诗歌如何？

无论什么编程语言，第一首诗全球相同：

Print（“Hello，World !”）

仿佛站立于天安门城楼向全世界庄严宣告：你好，世界！梦想着改变你的我们，来了！因为，“人类文明运行于软件之上”（C++ 发明者 Ben Stroustroup），所以“程序员是宇宙的中心”（敏捷发起人 Kent Beck），“程序员是最好的职业”（Microsoft. net 之父 Anders Hejlsberg）。

我的产品设计和编程技术职涯做了 20 多年。第一段是用 20 世纪 80 年代在大学学的 C/Pascal 语言，把问题空间分解为过程或函数集合；第二段用 90 年代在美读研学的 C++/Java 语言，把问题用类 / 对象及其之间的关系来模拟；第三段是 2000 年左右在微软工作时学的 XML Web Service，用比类 / 对象粒度更大、易于复用的构件来集成软件……

* * * * * *

花开两朵，各表一只。对唐诗产品而言，体裁、格律就是产品背后的技术。

体裁包括古体诗及近体诗两大类，古今之分是以唐为坐标，唐前为古，近体定于唐。

◇ 古体诗包括乐府诗、歌行体等，按每句字数的多少分为五言古诗（五古）、七言古诗（七古，含杂言古诗）。千秋巅峰之作，五古被认为是杜甫的《自京赴奉先县咏怀五百字》，七古是被誉为“孤篇盖全唐”的张若虚的《春江花月夜》。

杜：穷年忧黎元，叹息肠内热……朱门酒肉臭，路有冻死骨……

张：春江潮水连海平，海上明月共潮生。滟滟随波千万里，何处春江无月明……

◇ 近体诗包括律诗与绝句两类，律诗主要为五言律诗（五律）、七言律诗（七律）；绝句主要为五言绝句（五绝）、七言绝句（七绝）等。巅峰产品，律诗以七律为例，历代认为崔颢的《黄鹤楼》武功天下第一：

昔人已乘黄鹤去，此地空余黄鹤楼。黄鹤一去不复返，白云千载空悠悠。

晴川历历汉阳树，芳草萋萋鹦鹉洲。日暮乡关何处是？烟波江上使人愁。

据传李白登黄鹤楼，诗兴大发，突见崔诗，大惊失色曰："眼前有景道不得，崔颢题诗在上头。"此后还心有不甘，山寨其句法用意创作了《鹦鹉洲》：

鹦鹉来过吴江水，江上洲传鹦鹉名。鹦鹉西飞陇山去，芳洲之树何青青。

烟开兰叶香风暖，岸夹桃花锦浪生。迁客此时徒极目，长洲孤月向谁明？

李白啊李白，此岂豪雄所应为！我赋诗《七律·狷狂》为证：

天子呼来不上船，
诗心伴酒醉尘凡。
黄鹤楼敛风流笔，
鹦鹉洲萋涕泗惭。
狂狷岂宅山寨逸，
豪雄当辟创新艰。
纵横大化开宗志，
列传须邀太史迁。

绝句如七绝，最受推崇的是"七绝圣手"王昌龄，如《出塞》：

秦时明月汉时关，万里长征人未还。但使龙城飞将在，不教胡马度阴山。

各种体裁诗的数量，据学者对《全唐诗》48 900 多首的统计，五律 15 000 多首，七律 9 000 多首，占一半左右。我根据施子愉先生（转引陈伯海：最早出处《唐代科举制度与五言诗的关系》）对存诗一卷以上诗人的作品统计作图 4-1，可以看出，五律、七律、七绝三种体式大幅增长，而五古、七古及五绝增长缓慢，并且到了晚唐都在没落。

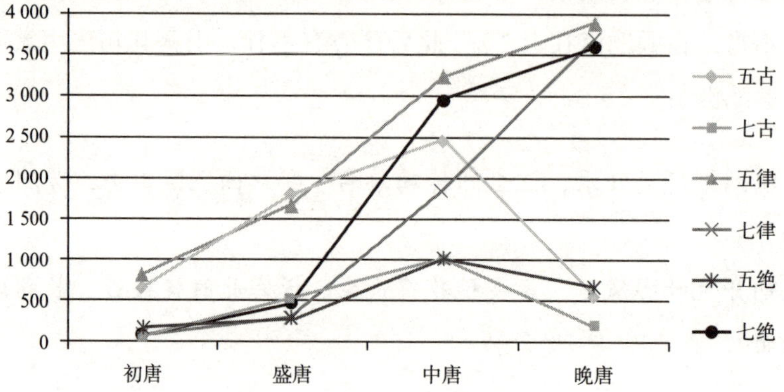

图 4-1 诗体技术演进的变化

格律指用韵、平仄、对仗、字数这四大要素。其中律诗要求最严，必须全部满足；绝句一般不需要对仗；古体诗最为自由，一般只有不严格的用韵的概念。

◇ 押韵是指在某些句子的最后一个字使用韵母相同或相近的字，使朗诵或咏唱时产生铿锵和谐感。

◇ 平仄是字的声调，平指平直，仄指曲折。中古汉语有四种声调，平、上、去、入，除了平声，上、去、入统称为仄声。现代普通话第一声为阴平，第二为阳平，是由中古汉语的平声演变而来；第三上声、第四去声则为仄声，古时的入声已融至其他四声，不过在一些方言中还有留存。

◇ 关于对仗，律诗八句共四联，第一联为首联，第二联为颔联，第三联为颈联，第四联为尾联。颔联和颈联必须对仗，首联和尾联可对可不对。绝句可以不用对仗。

◇ 字数，七律八行，每行七字，共五十六字；七绝四行，每行七字，共二十八字；其他类推。

创作中的具体技术要求，以杜甫《登高》为例，如表4-1所示，后人把它与《黄鹤楼》并列七律之冠。它不仅艺术境界高妙，而且合乎甚至超出格律的一切要求，而《黄鹤楼》前四句不合平仄和对仗要求。

表4-1 《登高》的技术分解

《登高》	四声	押韵	对仗	粘对
风急天高猿啸哀，	平入平平平去平	Ai	12对仗起	
渚清沙白鸟飞回。	上平平入上平平	Huai		23对
无边落木萧萧下，	平平入入平平去	无须押韵	34对仗承	
不尽长江滚滚来。	入上平平上上平	Lai		45对
万里悲秋常作客，	去上平平平去入	无须押韵	56对仗转	
百年多病独登台。	入平平去入平平	Tai		67对
艰难苦恨繁霜鬓，	平平上去平平去	无须押韵	78对仗合	
潦倒新停浊酒杯。	上上平平入上平	Bei		

技术创新的思考维度

技术创新的切入，可用单一时空中的时间、空间、人间三个维度，以及外来时空建模分析，如图4-2所示。

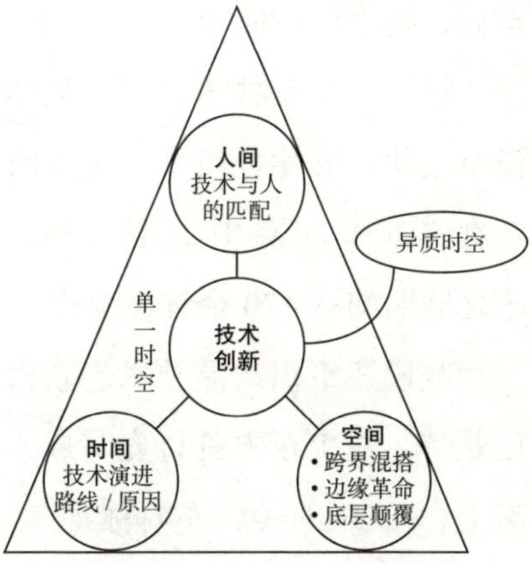

图4-2 技术创新的思考维度

时间维度的技术演进路线及原因

大的方面看中国文学产品的总体技术演进脉络：北方《诗经》+南方楚辞→汉赋→唐诗→宋词→元

曲→明清古文小说→民国 / 本朝白话文小说成为主导技术。

小的方面仅就诗歌而言是格律技术演进，以五律为例，我总结出演进如图 4-3 所示。

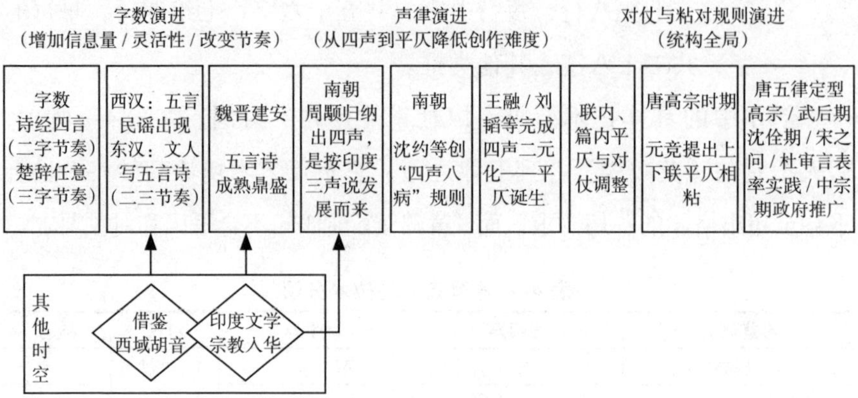

图 4-3 五律技术创新过程

简言之，格律技术四大要素，除用韵早定，其他三项都有其演进过程：字数方面，从《诗经》的二字节奏到楚辞的三字节奏，引发句式从四言向五言、七言变化；声律方面，周颙归纳出四声，沈约创“四声八病”规则，王融、刘韬、元竞等完成四声二元化，平仄诞生；粘对方面，从句内到联内、篇内，确定了以粘对规则统构全篇的观念。至此，技术创新成功。

最后一步是技术推广，最佳方式是意见领袖示范。例如，初唐时没有七律，五律也很少，文章四友之一的杜审言（杜甫的祖父）首倡，现存其五律 28 首中 27 首合律；沈佺期四韵诗共 138 首，合律 76 首；宋之问四韵诗 170 余首，合律 120 首。

政府还组织产品技术创新大赛。如一次游洛阳龙门，武则天命群臣赋诗，左史东方虬诗先写成，武后赐锦袍嘉奖，不一会宋之问诗成奉上，“文理兼美，左右称善”，武后夺东方虬锦袍转赐给宋。还有一次唐中宗在昆明池命群臣赋诗，沈宋不相上下，让上官婉儿盖棺论定，说沈诗末句“微臣凋朽质，羞观豫章材”，词气已竭，不如宋诗“不愁明月尽，自有夜珠来”，言尽意犹，沈乃叹服。本身沈宋就在政府担任考功员外郎，自己又大力践行垂范，再加上多次大赛夺魁的行业影响力，终使格律成为朝野诗人的共同追求，在中宗年间最终确立并推广为近体诗的技术标准。

新旧技术的前后对比，五言诗自南朝齐梁到隋末，合乎粘对法则的近体诗出现率在0%～9%之间；入唐后也是如此；从初唐四杰的王勃、卢照邻、骆宾王开始增至15%～35.6%，其中骆宾王近体诗数量为四杰之冠，占其作品总数的88.5%，合律的占44.4%。至初唐后期，杨炯、沈佺期、宋之问、杜审言、李峤等的粘式体猛增到88%～90%。

从唐诗的行业技术演进，可以推导出几个规律性的结论。

◇ 外延：引发创新有三大驱动力：一是市场极民间自发的民歌民谣，这是市场需求拉动（Pull）；一个是行业极文人骚客自觉的格律规范，即行业技术推动（Push）；一个是西域或印度外来时空的第三方触动（Trigger），我称之为维基极，如图4-4所示。

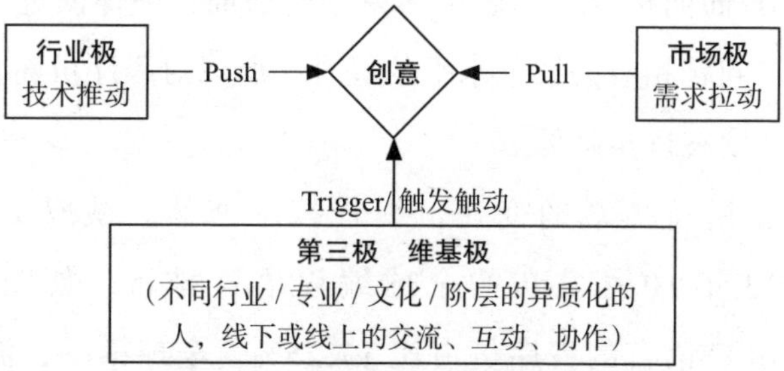

图4-4　创新的三大驱动力

◇ 内涵：增加字数扩大了诗歌的信息量和创作的灵活性，引起从二二节奏变为二三节奏。对仗是夯实结构的形式美。平仄是增加了声音的和谐感。四声变平仄是简化技术，降低创作难度。

创新方向是自由和审美的矛盾的平衡。

这种平衡过犹不及。格律发展到后来反而制约了诗词气势和意境发挥，用闻一多的话，“戴着镣铐跳舞”，它成了诗人的包袱，有违创新初衷。李白、王维等几乎所有诗人都有过不同程度的出律，所以创新创造是意境、情感主导设计，而不应拘于格律，音调读起来耳顺即可，最终千年之后的民国新文化运动用新诗对之扬弃。

回到唐诗→宋词→元曲→小说的演进，每个阶段都是从民间市场极的自由开始，然后行业极进行规范，有了行业标准，发展到了巅峰，规范又束缚了自由，然后走向衰落，再从下一个自由开始。演进的主线是苛严的技术规矩已经越来越无法表达我们丰沛的才情思想，需要削减规则束缚，增加自由空间，回归“我手写我心，我手写我情”的产品本质；或一言蔽之，始于自由，亡于限制自由。

类比 IT 行业的技术演进，它与唐诗技术一样，遵循“市场需求牵引、行业技术推动”的发展规律。

◇ 软件编程技术演进：最初的 C/Pascal 面向过程，代表了实现层面；其次的 C++/Java 面向对象，代表了设计层面：最后的 XML 面向构件，代表了体系结构层面；整体演进方向是提炼出与问题相应的抽象水平的提升。所以对程序员而言，技术的复杂度在逐步降低。

  类比唐诗体裁的变化，编程技术亦然。截取 TIOBE 社区 2013 年 10 月发布的全球编程语言排行，如图 4-5 所示，使用 C 语言的程序员占比 17.25%，全球第一，波动比较平衡；Java 为 16.11%，排第二，它从 2001 年互联网革命高潮的 26.5% 逐步下降，特别看到因互联网泡沫破灭的影响，在 2004—2005 一年间从 24.5% 骤降到 14.9%。

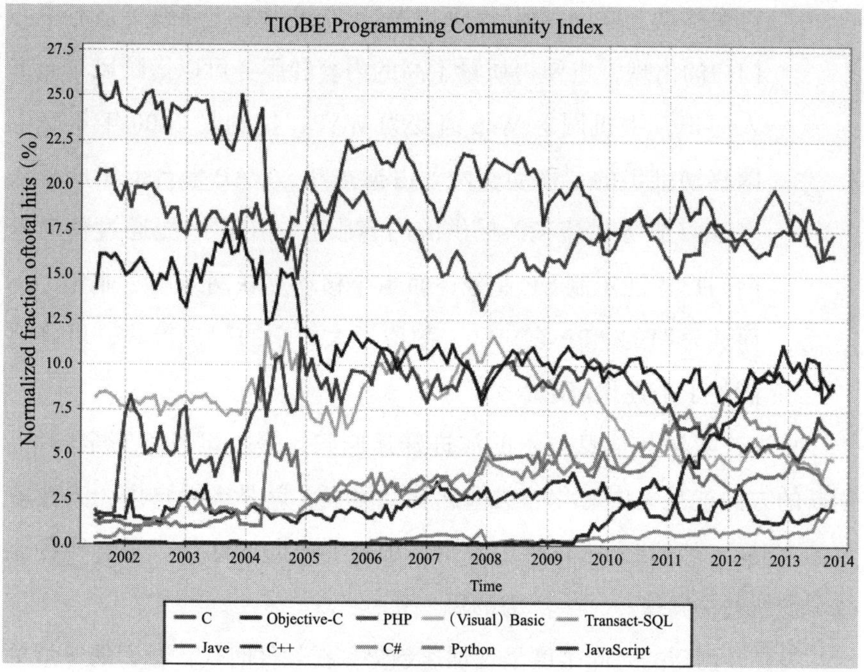

图 4-5 TIOBE 社区全球编程语言排行榜

◇ 硬件演进：20 世纪六七十年代的大机器年代，服务器是完全的中央集权，客户端是“三无”哑终端，无思想、无知觉、无自我意识；然后七八十年代的客户端 / 服务器模式，客户端有了一定的自主意识，服务器权威下降；再后是八九十年代的PC 年代，客户可以完全自主，当然因能力不足还得常向服务器请求服务；最后是 2000 年至今的智能移动终端年代，客户端功能强大、完全独立自主，对于云中的中央服务召之即来、挥之即去。

◇ 互联网应用演进：门户阶段是网络的中央集权，中央播什么节目你就看什么，无自我意识；到了搜索阶段，可按关键词查寻，有一定的独立自主；当今社交网络时代，我们自建微信微博，我们就是自媒体，个体才是世界中心。

◇ 再看移动互联网：PC 桌面以 Web 方式为主，导致了强势中心门户的出现，也使得质量不高的内容和服务可以搭顺风车而绑入门户；手机网上 Web 演变为 WAP，特别是 2000 年年底中国移动推出的“移动梦网”占据垄断，WAP 平台上集成了众多 SP（服务供应商）提供的内容服务，用户只能通过移动梦网门户才能定制 SP 业务；而当今移动互联网采用专业化、小而美思路的 APP 客户端，颠覆了大而全的门户模式，更好地满足了个性化需求。

总之，文学与信息技术的演进殊途同归，是否可以不完全归纳，创新的方向就是去中心化、去垄断化的方面？就是人性自由、人性解放的方向？就是独立之精神、自由之思想的方向？这是否是各行各业技术创新的主旋律——生产力的民主化？

另外，创新的时间维度呈现加速趋势。在软件时代，我们的计量单位是人·月，即多少人花了多少个月完成产品，到了 90 年代末的互联网时代则是人·周，现在的移动互联网时代竞争白热化，以人·日为单位。

技术的空间维度：跨界混搭、边缘革命和底层颠覆

技术需要解决问题，什么是问题？问题＝理想－现实，即先设定理想态（爱因斯坦名言：想象力比知识更重要），并分析现实态，从现实态向理想态演进中析构出各种路径，甚至另辟蹊径，评估路径选择，看能否用最少资源解决系统矛盾，这是技术创新的空间哲学。在中国当前离原创技术尚有一定距离的国情背景下，具体实操可以考虑跨界混搭、边缘革命和底层颠覆的技术战略。

跨界混搭 引发隋唐科举制创新的基础是中国在全球的原创技术——雕版印刷，它的出现使得原来用竹简、羊皮、丝帛书写的奢侈品书籍一举飞入寻常百姓家。也可说是科举使得读书的需求大增，从

而推动了雕印技术的提升，仍是需求牵引＋技术推动。而雕印技术创新是因为印章、拓印等的技术混搭，即印章是印在上，纸在下，雕印则是纸在上，版在下；拓印的字是阴文正字，而雕版是阳文反字；拓印的墨施在纸上，雕印的墨施在版上。

其他跨界例子，如英特尔芯片主打计算，ARM芯片主打通信，目前两家都在做计算与通信的混搭芯片。360卫士的切入则是在软件与互联网的跨界处，即软件公司没有互联网思维，而互联网公司没有杀毒软件技术，甚至，晓生告知，360一开始也没技术，其最初的版本就是直接找到流氓插件或病毒的文件名，硬删了事，以致当时瑞星的技术总监反汇编他们的代码后笑掉大牙，言其必亡。

跨界痛苦异常。以我为例，90年代末至2000年年初在微软MSN组，彼时IT行业正处在从软件向互联网过渡，我的思维模式是软件，所以我是用做软件的思维做互联网产品。具体地，就是先设定一个若干个月以后要发布的产品版本，然后收集全球用户需求、写出规格说明、总体设计、详细设计、编码、测试、上线运营；而互联网产品的通常做法是先快速开发一个大面可用的版本上线，然后在运营中根据用户数据及反馈快速迭代、持续改进。这也是到目前为止，微软的互联网产品大都差强人意的原因。

其实，任何行业都会遭遇这种情况。唐诗研究专家、北大林庚教授在《唐诗综论》第56页中观察到诗赋消长的现象：汉赋、唐诗各是时代代表，而两者又水火不容。汉代有赋家而无诗人，唐代有诗人而无赋家；中间魏晋六朝则诗赋并存，呈现出过渡态，如图4-6所示。

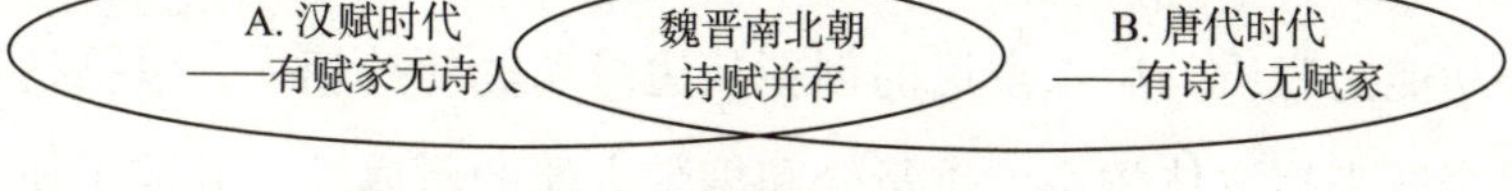

图4-6　从技术A过渡到技术B时的状态

赋与诗的区别，陆机在《文赋》中说，“诗缘情而绮靡，赋体物而浏亮”，即诗以抒情为主，赋以写物为主，写物并非诗的特长，而更是散文的特长，赋的本质应该是介于诗与文之间的一种过渡技术，虽然它也有押韵。《文心雕龙》为赋下定义为，“赋者铺也。”诗歌的语言以精炼见长，散文的语言以铺叙见长，赋正是以铺叙为主，但没有散文那样的广阔天地。由于赋的影响，六朝在诗与文之间出现了骈文，但一旦唐诗夺取了赋的阵地，散文也就夺取了骈文的阵地。赋及其影响的衰亡因此就成为诗完全成熟的一个标志。

赋中也有抒情赋，但不是赋的正统；诗歌中有宫体诗，但不是诗的正统——宫体诗其实也就是诗中的赋，它的铺张雕饰、重在写物，都正是赋的特色。

总之，如果技术趋势是从A向B演进，则用A的思维模式做B要比用B的思维模式做B的成功概率要低得多，如我们当年用软件的思维做互联网，如苏宁做电商就比京东要痛苦，当然不排除个别天才，如李白以赋为诗，但毕竟是统计噪声。

边缘革命　大多数情况下，技术的发展都是对现有技术的渐进式的改进，而从边缘属性切入则可能会带来颠覆性创新。例如，词的最初流行，是因为诗歌长短一样，不太适合演唱时可长可短的用户需求，于是长短句就应运而生，它牺牲了诗的主要功能——言志，而从边缘功能——言情切入，最后颠覆了诗。

举一反三，手提电脑最初的核心功能是工作，使用的主要软件是微软Office，后来苹果iPad从娱乐这个边缘功能切入，优化了上网、网游、音视频等多媒体服务，完成了对笔记本的颠覆。收音机最初的核心功能是音质，后来索尼的创新从边缘功能便携切入，以牺牲声音的保真度来换取体积小、重量轻和携带方便的新属性，开辟了便携式收音机的全新市场。

推而广之，科斯与王宁合著的《变革中国》中指出，改革开放30多年的中国变革一直两条腿走路，一条是中央主导的自上而下的改革，所谓顶层设计，如华国锋的“十年经济发展规划”，陈云主持的“新八字方针”等，主要针对国企，目标是为拯救集体经济；另一条是地方及民间力量推动的自下而上的改革，如包产到户、深圳特区、乡镇企业、城市个体户等，后者即为边缘革命，因为它处在计划经济的边缘，却成为推动经济市场化的先锋。

更一般的命题，如何寻找边缘？其实万变不离其宗——一切围绕客户价值。可用价值比较工具比对本企业产品相对于竞争对手的优劣，其中横轴是客户价值元素，纵轴是性能高低表现。图4-7展示了iPad与上网本和平板电脑的类比，然后对价值排序，寻找当下不是主力价值但有可能是未来需求的边缘价值切入。

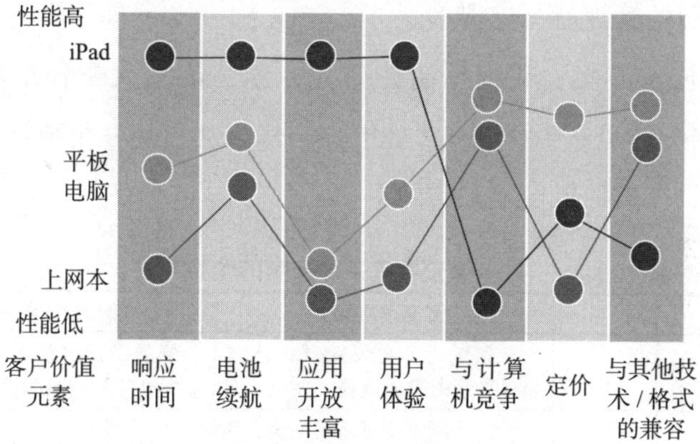

图4-7 价值比较图

底层颠覆 例如，小说对于诗的革命，小说在唐朝叫传奇，源于民间下里巴人的说书，因为百姓更喜闻乐见讲故事的产品，而非高端言志的诗，最终这个面向底层市场的技术创新被行业中的文人所接受。

同理，施乐是复印技术的创新者，面向高端客户，体积庞大，甚至建立了复印社，而佳能可以放在办公桌上，操控简单，省时省力，面向底层市场。计算机亦然，大型计算机也是这么被小型机和微机颠覆的。汽车亦然，美国车走高端，被面向低端市场的省油的日本车颠覆，后者又被四小龙颠覆，四小龙又即将被中国颠覆等。

底层颠覆的切入不妨引用360创始人周鸿祎的三段论——能不能让贵的东西变便宜，让收费的东西变免费，让复杂的东西变简单。

人间维度："技术—产品—人"三者之间的匹配

每种技术都有自己的独特个性。以编程语言为例，C语言介于汇编和高级语言之间，最宜写底层牵一发而动全身的系统软件，所以这类技术人员大体上慢工出细活，思维缜密、格致精微，对系统的资源精推细盘；而Java更多地写基于网络的中间件或企业级产品，这类程序员相比于前者就要粗犷一些，再加上语言本身的垃圾回收机制，对于系统资源的管理就马虎得多。

唐诗技术亦然，我根据唐诗研究专家、南京大学程章灿教授在《唐诗入门》的总结，作表4-2如下。当然，这只是一个统计意义上的大体差异，在美的尺度上并不绝对化。

表4-2 唐诗各项技术的个性

技术个性		五言（质实）	七言（雅丽）
古体诗（偏朴实劲质）		朴素天然，色彩清淡，适宜表现平澈闲雅的境界	豪爽激荡，色彩浓烈，适宜于挥洒狂歌浩叹的情怀
近体诗（偏婉丽妍美）	律诗	倾向于凝重中见流动的美，风格以顿挫清壮为主	
	绝句	大多取径婉曲，而又自然含蓄，情调以博约温润为主	

具体地，以七古为例，它是绝对的自由主义，语言灵动，声韵不究，篇幅不限，可文可诗可赋，因此对诗人而言可以尽情放飞自我。

武汉大学教授王兆鹏等参照历代各家对唐诗的点评，运用统计分析做了唐诗排行榜，当然榜位仅表明传播的影响力，并非作品的艺术价值。我细数前百名的七古共12首：李白《蜀道难》、《将进酒》、《梦前手中战略棋子有限，未来堪忧；后者则是下一代基于人工智能的搜索，投入巨大。

运营文化的阿里，我感觉其最难弥补的是产品力。我的课程中有一个现场设计创新产品的workshop，我现场点评，是考验水平的时刻，参训的是资深产品专家及产品专家，时间压力下的结果仍需努力。从阿里DNA看亦然，当初打败eBay是靠免费的模式创新而非产品力，反证是移动端除了自然延伸的淘宝、支付宝，至今没有一款像样的产品。当然，还有电商本质的仓储物流供应链体系，因其本身不直接做电商，导致迟迟未建。还有一个战略隐患是阿里对其生态链霸道强势的DNA而带来的，即对入股或并购公司的产品，阿里内部也在自建同类产品，形成了竞争关系。

作为类比，我附上美国四大创新企业的布局，如表3-2所示。

表3-2 美国四大创新企业的主打及未来布局

	硬件	软件	互联网服务
苹果	iPod/iPhone/iPad/iMac iWatch 穿戴计算 Apple TV 客厅计算	Mac OS X 操作系统 iOS 操作系统 语音助理 Siri	iTunes App Store iCloud
微软	Surface 平板 诺基亚 WinPhone XBOX Kinect 体感/客厅计算 Situated 交互机器人	Windows，Office，IE；SQL Server，Exchange Server，知识引擎 Wolfram Alpha，语音助理 Cortana	Skype/MSN Bing 搜索 Outlook.com Office365
亚马逊	Kindle 阅读器 Kindle Fire 平板电脑 主打 3D 智能手机	—	自有产品及开放平台电商 电子书/音乐店/视频店 AWS 云计算服务 物流 FBA 直接出版 KDP
谷歌	Nexus 手机/平板 眼镜穿戴计算 无人驾驶汽车 客厅计算/并购 Nest	安卓操作系统 Chrome 操作系统 Chrome 浏览器 语音助理 Google Now	搜索，Gmail 邮箱，YouTube 视频，Google+ 社交网络，地图类 Earth/街景等，广告 AdWords /AdSense /AdMob

游天姥吟留别》；杜甫《兵车行》、《丹青引赠曹将军霸》；白居易《琵琶行》、《长恨歌》；张若虚《春江花月夜》；高适《燕歌行》；岑参《白雪歌送武判官归京》；李贺《雁门太守行》及韩愈《山石》。

注意这些人，要么是天才型选手，如李白、韩愈、李贺；要么是全能型选手，如杜甫、白居易；要么是产品与技术的完美匹配，如高适、岑参展示豪放的边塞题材；要么就是独此一篇的统计噪声，如张若虚。

才情不足的诗人万难驾驭七古，大多数人诗心有胆无诗才，只能"务喝喊以为豪"；才情足够但气魄不足的也差强人意，如王维、李商隐、杜牧等。

由此即可解释图 4-1，为什么当盛唐天时一过，呼唤诗人想象力、创造力的五古、七古技术走向没落。反向亦然，最束缚创造自由的是七律，所以天才型选手李白很少创作七律，而为什么五律、七律、七绝三种技术在盛唐之后大幅增长，因为严格的规矩使得才情清浅的人也能依葫芦画瓢。

异质时空　对唐诗技术而言主要指印度文明传入。陈寅恪考证，四声是按印度三声说发展而来，由周颙、沈约等用完全归纳法归纳出四声。

异质时空对当今最为重要，在互联网行业，美国昨天出什么新创意，北上广深今天的咖啡厅里或酒店大堂就有人讨论本土化的可行性。

基于数据的创新　中美两案，白居易在市场极的创新数据置于第 5 章产品创新，Netflix 创作《纸牌屋》放在第 9 章中端流程中详述。

第一组　三大创新小结

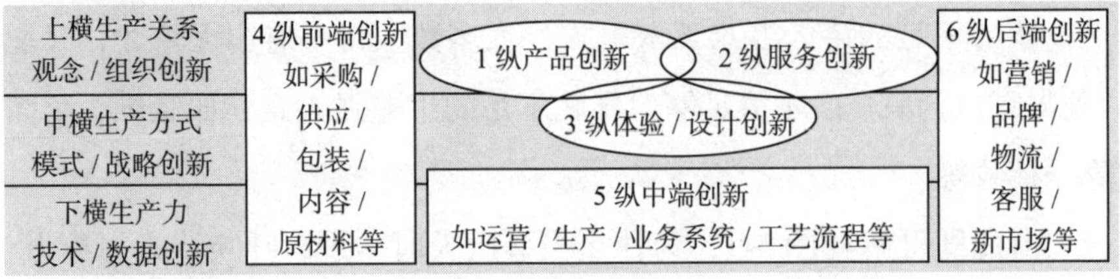

行业链三横六纵九大类创新

第一组"三横"——上横第 2 章生产关系创新，包括思想观念创新、组织利益创新；中横第 3 章生产方式创新，包括商业模式创新、制度创新、战略创新；下横第 4 章生产力创新，包括技术创新、数据创新。它们之间是否关联？

回看编程语言的技术创新，专业语言我学的第一个是 Pascal，它的发明是因为此前工程师普遍使用 goto 跳转语句而导致程序结构混乱，于是结构化编程思想应运而生，而语言的技术创新只是实现思想创新的工具而已。

同理，我学的第二个专业语言是 C，它是贝尔实验室为便于 Unix 系统的移植而创作，而之所以发明 Unix 是因为此前设计的功能无所不包、场景水平普适的大型操作系统 MULTICS 的失败，亦即你不可能设计一款产品满足所有用户的所有需求，驾驭复杂性重要的不是"得"的快感，而是"舍"的艺术，于是简约、高效、垂直于特定问题域的思想创新引发 Unix/C 的产品 / 技术创新。

同理，面向对象的思想创新导致 C++ 的技术创新，“ Write once run everywhere”的思想创新导致 Java 及虚拟机的技术创新，模块复用的思想创新导致 XML 的技术创新等，不一而足。

触类旁通，总结中华农业文明在唐宋达到巅峰的三大创新的关系，先是生产关系的隋唐新朝伊始、万象更新，以及儒释道思想竞争、观念创新，然后生产方式的科举创新与生产力的雕版印刷技术创新相得益彰，于是人才次第而出带来后续的唐诗产品创新。

举一反三，文艺复兴也是破除中世纪黑暗的人性解放的观念创新先发，然后是古登堡活字印刷的技术创新降低了知识普及的门槛，从而人才辈出，引发后续上天入地的各项产品创新。

反之，商灭夏依靠青铜技术创新，周灭商依靠车战技术创新……蒙灭宋则是北马 + 南船，清灭明则是引入西方的新式火炮技术，而后者在当时拥有比前者先进得多的制度形式，但仍逃脱不了覆灭的命运。

是否可以推导，当今中国企业普遍强调短线见效的模式创新、组织创新，而不愿做长线投入的技术创新，最终将仍是为历史作注——你方唱罢我登场，城头变幻大王旗。

第5章 请君莫奏前朝曲，琵琶起舞换新声
——产品创新

请君莫奏前朝曲，听唱新翻杨柳枝。

——（唐）刘禹锡，《杨柳枝词》之一

琵琶起舞换新声，总是关山旧别情。

——（唐）王昌龄，《从军行》之二

> 唐诗行业在盛唐时四大流派卓然而立——山水田园、边塞、浪漫、现实，后辈诗人从哪些方向强行突围才能超越樊笼、开宗立派？当今中国互联网行业三大天王 BAT——百度、阿里、腾讯，再加上搅局者奇虎 360 横刀立马，后来的企业家如何借鉴前人、跨越围堵？

蝙蝠凶猛！当今中国互联网行业，百度（B）、阿里巴巴（A）、腾讯（T）俗称 BAT 蝙蝠，其中百度引导人与信息之接连，阿里横制人与实物之欲求，腾讯把控人与人之关窍，再加上谈之色变的搅局者奇虎 360，以安全构筑马其诺防线，大路朝天，各霸一边。作为后进企业家，雄关漫道真如铁，如何创新从头越？

其实，今月曾经照古人。千年之前的盛唐星空：山水田园王孟、边塞高岑、浪漫李白、写实杜甫……各自登临绝顶，一览众小，将几乎所有能写的题材写尽，将几乎所有可以创新的想象空间填满，后辈

诗人如何另辟蹊径才不拾人牙慧甚至开宗立派？

蝙蝠口舌之下，仍有雏凤清声：新浪微博、YY语音、美丽说、蘑菇街、UC浏览器、大众点评、美团团购、91无线、高德地图等。

2012年六七月间，我给新浪网和新浪微博两个团队的高管各上了两天创新创造课，课间课后都有交流，不妨先以这几年最为火爆的新浪微博产品为例说明。

微博的鼻祖是2006年创立的美国Twitter，其创始人之一的伊万·威廉姆斯是博客的开创者，创新切入方法是跨界混搭，即在博客、短信和即时通信三大领域的交叉处发力，设计有三大特色：140字符限制——降低了大众的创作门槛，特别是抹平了普通百姓面对专业精构的长篇博文时的自惭形秽感；与短信结合通过手机发布——简单便捷、随时随地发布的体验设计；一对多follower跟随机制而非即时通信的一对多主动轮询ping他人机制——开创了从点对点到广播式的信息传播革命。

中国第一个模仿者是王兴创立的饭否，清华毕业又留美海归的王兴是典型的跨时空竞争导向切入者，此前美国Facebook火起，他创立校内网；此后美国团购Groupon劲爆，他创立美团网，既眼到脚到先人一步，又屡败屡战执着梦想。当然，微博类产品涉及体制敏感，有着政治监管的高准入门槛，所以饭否达到百万用户规模后就被和谐了。

2008—2009年间随着iPhone、安卓智能手机在美国的全面普及，以及Twitter审时度势修正了产品定位，将原来熟人间“What are you doing”的定位变革为追踪热点事件、名人明星及企业沟通的“What's happening now”，一举迎来了爆发式增长。

新浪高管告诉我，恰在此时，2009年5月，他们在成都召开战略会议，认为Twitter的本质是媒体，与新浪基因吻合；新浪在2005—2006年博客时代建立了高端名人和各领域资深人士的资源壁垒，从高端切入则低端自然尾随；而微博本身的技术门槛又不甚高，于是顺势杀入，8 月底上线，彼时股价 40 美元，然后 2010 年底用户破亿，2011 年中 2 亿，股价登顶为 135 美元……新浪从一家传统媒体网站转型为开放的互联网平台，最终 2014 年 4 月微博部分独立上市。

与新浪各频道主编交流时，他们告之，刚起步时，都肩负搞定多少名人或领域资深人士的绩效指标，公司调动各频道一切可以调动的资源和能力去扶持微博事业部的发展。当然这款产品正好需求导向——高端人士、意见领袖的话语影响力带来的成就感让他们趋之若鹜，我作图 5-1 说明。

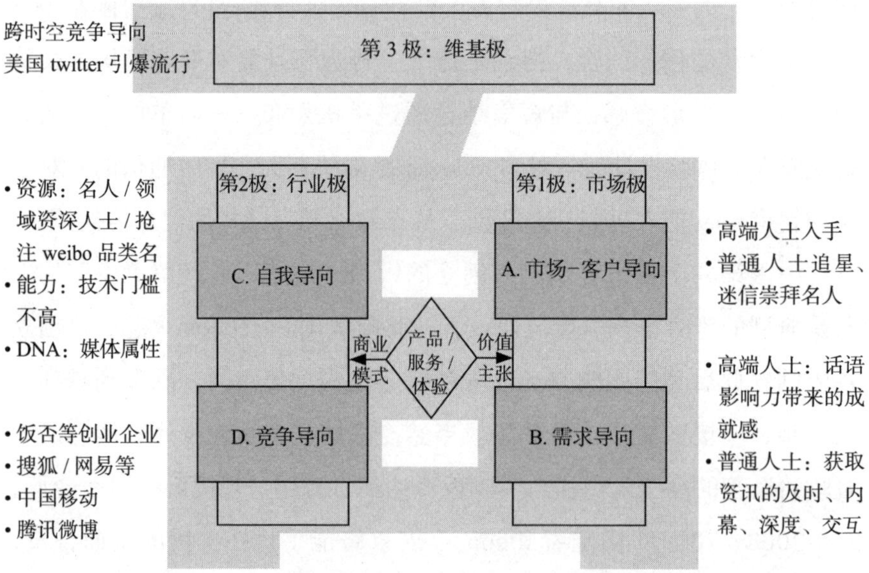

图 5-1 “面”字创造框架——剖析新浪微博的产品创新

图 5-1 是《半面创新》的“面”字模型，所谓二极世界、四大导向、第三极跨时空，是创造的思维框架，亦即思考产品创新的切入模型。当今中国，绝大多数企业是从自我导向切入，即先看我爸是否是李刚，如果有这类高端资源，则如此这般，你懂的；而中国互联网界一般是从第三极跨时空切入，紧盯美国硅谷同行动静，然后率先模仿，

时空捭阖，拿来主义＋本土化＝创新。

最后在竞争导向方面，饭否的失败让搜狐、网易等首鼠两端、患得患失，及至看到新浪成功后再匆忙上架，又为时已晚。其结果，引用搜狐创始人张朝阳的话，起个大早赶了个晚集。

再看中国移动的微博。微博类产品的创作原则是既要开放，又不能触动政治红线，而国企做事的第一要务是不求有功但求无过，反映到产品上，其设计是先扫敏感词，延迟发布，这带来了灾难性的用户体验。在国情环境下，通行智慧是执两允中走钢丝的平衡艺术，特别是当出现问题时的防守，要有相关资源能摆平，而这正是新浪的隐性优势。

新浪微博的野蛮生长惊醒了巨鳄腾讯，腾讯微博采用跟随战略强力反击，虽然通过QQ推广短时聚集了亿量用户，最终差强，主因我想还是腾讯的社交网络基因。微博本质是媒体，媒体第一要务是内容，而有价值的内容的生产依赖于高端人士。新浪先发笼络高端之后，把微博做成了高端人士生产内容、引导话题的社会化媒体，再加上政府、企业及各类组织也在其上开官方微博，形成了主流、专业的定位；而腾讯则做成了社交概念的社会化媒体，话题以家常、生活、八卦为主，实际成了微博与QQ空间的混搭，定位不清。随后腾讯内部的微信2011—2012年崛起，中国国情的内部竞争往往比外部更为血腥，而腾讯微信才是新浪微博的真正杀手，最终腾讯微博不了了之。

从微信与微博的竞争我们可以不完全归纳出竞争的本质，不是同类产品头对头的硬争，而是侧翼攻击，即打败一类产品的一般是不同类的产品，正如微软打败IBM是靠操作系统而非做大型机，谷歌让微软边缘化是因为搜索引擎而非做操作系统，Facebook让谷歌颜面大失是因为开发社交网络而非做搜索引擎等。

由此看出，创新创造也有层级之分。我先将人按两次二八原则分层：创新创造者（价值创造）、诠释者（价值传播）和运营者（价值使用），再将创新创造的人分三级：开领域、开流派、好产品，如图 5-2 所示。例如，北《诗经》、南楚辞开创了诗歌领域，到了盛唐形成四大诗派，后人如何超越樊笼？

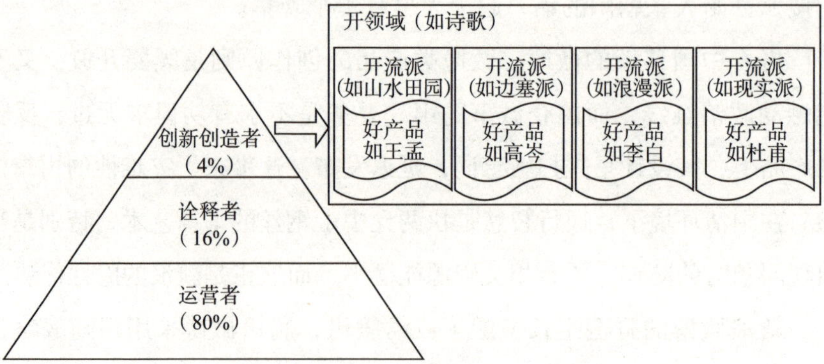

图 5-2　人分三层、创新创造也分三级

创新创造，如果不能让人拍案惊奇，则泯然众人，毫无价值。我梳理了盛唐至今能达到流派层级的创新，归为 8 类，如图 5-3 所示，

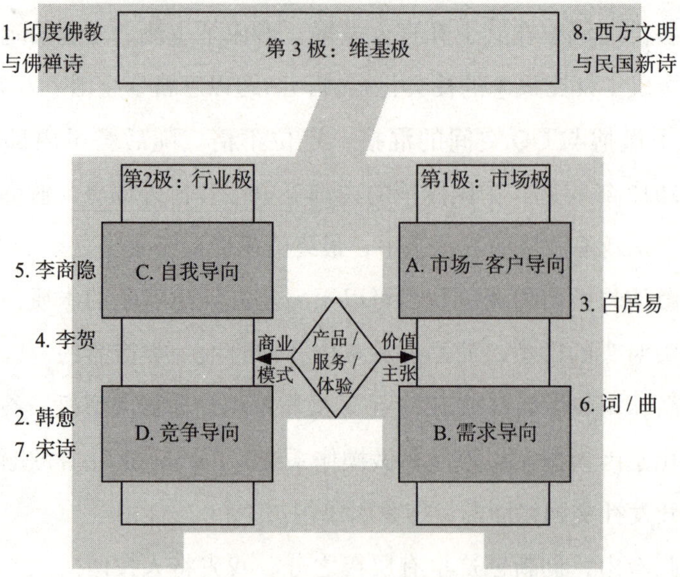

图 5-3　“面”字创造框架——分析唐诗的产品创新

其中编号为时间顺序，分述于下。至于产品及以下层级，如文字级的“红杏枝头春意‘闹’”，句子级的“海内存知己，天涯若比邻”等小微创新不述。

从竞争导向切入，韩愈的创新

我从三个层面详解。

在创新的方向选择上　清朝学者赵翼分析过，李杜之后，只有杜甫的奇险处是弱点，韩愈一眼觑定，从此辟山开道，自成一家。即行业竞争分析之后，王维的清雅、李白的飘逸、杜甫的沉郁都不能走了，韩愈发现了杜甫在奇险处还有可供发扬光大的空当，强行切入，走“险语破鬼胆，高词媲皇坟”之路。

在创新的实施原则上　韩愈是唐宋八大散文家之首，苏东坡更是誉之“文起八代之衰，道济天下之溺”，即韩愈的DNA是散文，于是他创造性地以文为诗，将散文与诗歌跨界，用散文的思维模式、结构、篇章、句法等为武器，剥离诗中过多的辞藻和音色装饰，破除诗歌已成定式的对仗、粘连、平仄等传统。

在创新的落地细节上　“产品属性——变换矩阵”如表5-1所示，即任何产品都包含形式、内容与情感，韩愈自觉地在这些方向上做差异化创新。

表5-1　产品创新实施矩阵

<table>
<tr><th colspan="2">产品属性</th><th>属性说明</th><th>变换矩阵（六大变换）</th></tr>
<tr><td rowspan="6">理性</td><td rowspan="2">形式</td><td>外观/包装属性，如造型、颜色、款式、界面</td><td rowspan="6">增加
减少
变换
替代
换序
重组</td></tr>
<tr><td>名字属性，如产品品牌、隶属的品类名</td></tr>
<tr><td rowspan="4">内容</td><td>设计属性，如设计理念、设计原因</td></tr>
<tr><td>构造属性，如原料、散件、组件、系统、附件</td></tr>
<tr><td>功能属性，如效果、满足的需求、细分、关键功能</td></tr>
<tr><td>使用属性，如时间、地点、场景、活动、操作过程等
其他使用属性，国情化/个性化/智能化/平台化/动词化/延伸化</td></tr>
<tr><td>感性</td><td>情感</td><td>象征属性，如自我形象意义、审美意义、文化意义</td><td></td></tr>
</table>

形式方面 如平仄、押韵、诗名等。(产品命名很重要，如朦胧诗人顾城最著名的诗就两句话："黑夜给了我黑色的眼睛，我却用它寻找光明"，该诗命名为《一代人》，画龙点睛。李商隐则开创《无题》作为产品名。新浪微博抢注了 weibo.com，以产品替代品类。)

韩愈颠覆了古典审美的流畅和谐，韵调尽可能生僻拗口，希望通过反和谐、反均衡而达到新和谐、新均衡，有时押的字甚至不见于韵书，如在《病中赠张十八》中半数以上属于难押的强韵。

内容方面 如设计属性的意象制造、谋篇布局等；构造属性的诗材原料、起承转合、锤字炼句等；功能属性如认识、教育、审美，即孔子的"诗，可以兴，可以观，可以群，可以怨；迩之事父，远之事君；多识于鸟兽草木之名。"

韩愈颠覆了古典审美的诗材雅正，以魑魅魍魉、凶禽猛兽、阴曹地府、凡俗污秽甚至狰狞恐怖等入诗。如用"摆幽尾交搒"写蛇虫交尾；用"掎摭粪壤间"写污秽之物等。

甚至在炼字这个层级，韩愈也有意颠倒或生造新词，或无例可循的新奇用法，颠覆传统"无一字无来历"的审美观，使读者产生陌生化的效果，如"岸树共纷披，渚牙相纬经"将经纬颠倒使用。

情感方面 所有产品都有灵性，关键是注入其中。韩诗将诗境与意象对应，如被贬岭南，描写当地"青鲸高磨波山浮，怪魅炫耀堆蛟虬。山瞰磺噪猩猩愁，毒气烁体黄膏流"，其实是其焦躁心理附会于山川风物而化成的陆离意象。又如被誉为中国诗史"不可无一，不可有二"之杰构的《南山诗》，是韩愈贬后被召回京途中登终南山，正好雨过天晴，诗人心情大好，强行搜罗了 51 种景象铺天盖地夺人而出，描绘了诗人此时心灵宇宙中的南山。

当然，除了重口味，韩愈也偶发小清新，如《晚春》"杨花榆荚无才思，惟解漫天作雪飞"，《初春小雨》"天街小雨润如酥，草色遥看近却无”等，不过属于样本噪声。

创新结果　清初之前都视韩诗为异端：北宋沈括说韩诗是押韵之文，南宋张戒说韩诗有说教之气，明朝王世贞认为韩不懂诗，清初王夫之说韩诗是行酒令……因为其创新突破了传统诗歌观念所能容忍的极限，仿佛是为英国诗人雪莱作注：“我知道我是人们不喜欢的那种人，但我是他们会记得的那种人！”

清初后评论翻转。学者叶燮声称：“杜甫之诗，独冠今古。此外上下千余年，作者代有，惟韩愈、苏轼，其才力能与杜甫抗衡，鼎立为三。”原因是“韩愈为唐诗之一大变，其力大，其思雄，崛起特为鼻祖。”

公正地说，韩愈惊世骇俗的大破——抛弃了传统清雅敦厚的美学范式，以及随之的大立——狠重奇险猛横硬怪崛狂，化丑为美，别开新面，是中华诗史上最大的一次创新，是超越时代的颠覆性创新，乃至过世千年才被追认。

其他从行业竞争切入的，如宋诗。宋人第一步是模仿唐诗，如西昆派学李商隐；欧阳修学韩愈、李白；苏轼先学刘禹锡，晚年学李白；王安石、黄庭坚学杜甫。

当代中国企业大多以比拼山寨速度而笑傲江湖。以腾讯的业务逻辑为例，“看到这个业务有第二个出来了，派人跟一下，等看清楚了大部队就进去。”要么就是担心流量被分往其他网站，其行事饱受业界诟病。

制造业企业则是修齐治平三部曲——零部件代工、整机集成、自主品牌。如年出货量几千万台、湖南五兄弟创立的深圳手机公司基伍，从加工壳料的手机模具商切入，然后做手机整机OEM，最后自创品牌G’FIVE，定位面向一线城市的蚁族、二线城市的小资、三线城市的贵族，根据区域市场的风土人情在格局内小改小进。

总之，两言概述——行业极审时度势大山寨，市场极知地善用微创新。

宋人第二步则是在吃透唐人后，在其未到之处另开格局。其总体差异，唐诗多以风情韵致擅长，宋诗多以筋骨思理见胜。我将在第 6 章服务创新中详述。

今天的企业这一步仍然筚路蓝缕，只能遥寄晚生后辈，以但开格局为己任。

从市场 - 客户导向切入，白居易的创新

2012 年 12 月至 2013 年 3 月间，我在西雅图家中写作第 3 版《半面创新》，正好《理想国》的作者、社会学家熊培云在美国做调研，我邀请他来我家小住了一周，临走时他送了我他的新作《重新发现社会》。

培云的所谓重新发现社会，其实在“面”字模型中就是从市场极（社会）切入，因为中国历代行业极（政府）大且强势，社会既弱小又无独立精神、自由思想。

不独培云重新发现社会，追溯至明朝王阳明创立心学，龙场悟道，他悟出了什么？早年他心寄帝王，希望从行业极发动自上而下的政改，现在重新发现社会，悟为转向对下层百姓传道讲法，掀起自下而上的社会改造运动。

继续上溯，白居易也重新发现社会。因为中国历史发展到了中唐，随着经济的不断繁荣，刚刚萌生出另一种大势——城市和市民阶层兴起。此前，诗歌产品的生产者和消费者都是文人士大夫，以言志咏情为主，而市民百姓更喜闻乐见讲故事的产品，所以传奇和戏文这些崭新的产品形式诞生了，而新兴市场的这种需求又被白居易给洞察到了。我想象，时任杭州市长的白居易在上下班途中，街头里巷逛荡，一定是从街市的各个角落大家聚众听故事的这些市场数据出发，无意中做

了源于生活的市场调查，随后白又果断地捕捉了这个历史性的机遇，作出了高于生活的创新。

白诗创新在形式上走大众路线，语言平易，通俗流畅。据传每次诗成，白都要朗读给隔壁老太太听，老太太听不懂就快速迭代、持续改进。在内容上则迎合大众需求，以唐玄宗和杨贵妃的爱情故事作为素材，变言志之诗为叙事之诗。要知道，此前千年，中国的叙事诗产品只有《孔雀东南飞》和《木兰辞》两款。在情感上则入地上天，生前死后，放胆想象，肆意铺张，"在天愿作比翼鸟，在地愿为连理枝"。最终，一篇《长恨》有风情，满街尽传白诗名。

当然，与韩愈的颠覆性创新相比，白诗仍在古典格局内进行形式和内容的增扩，属于改进型创新。

回到互联网行业，从市场切入的以"美丽说"为例。2012年年底创业家年会，我作为圆桌论坛主持人设计了三个问题，其中一题就是最初创业时是怎么想、怎么切入的。上台前给了我这一桌的五六个创业家嘉宾准备，并和坐我旁边的美丽说创始人徐易容聊了几句。技术出身的徐创过两次业，第一次做RSS的抓虾网，纯粹从自身导向的技术角度切入，因他在IBM做过数据挖掘，于是切入海量数据处理的RSS。失败后，2009年二次创业美丽说时则是市场导向，他说他选择一般男性创业者不太关注的女性市场，因为女士的钱最好赚，如此定好了创业方向，但具体切哪个点则慢慢摸索，最后发现女性最大的需求是爱美，此时正好瀑布式风格的美国Pinterest火爆，于是初始方向定位为女性时尚用品的社会化电商导购。

如第2章所示的社群构建，美丽说当时将用户分为四层：几百名达人是基于品牌宣传营销的，有能力打造优质内容的超级用户占比5%左右，活跃用户定义为不一定能创造内容但有传播力的，底层是搜与逛的长尾大众及屌丝。

从需求导向切入，词 / 曲的创新

《旧唐书》说词是“胡夷、里巷之曲”，即它来自市场端，它所配合的音乐主要是燕乐。燕乐在社会上风行一时，主要乐器是弦乐器琵琶，琵琶有二十八调，繁复多变，在音律上有很大发展，可以用它来创制无数优美的新鲜乐曲。白居易、元稹等都有描写琵琶音乐的诗篇，惊叹它的艺术魅力。

此时，诗作为唱词的长短一致的弱点就充分暴露出来了，所以词最初称为曲词或曲子词，就是因为它能兼容行业极高端产品诗的文学性与市场极世俗的音乐性两方面的特点，创作者也大都是民间乐师，后来才发展到行业极的文人词。

类比于互联网行业，YY 语音是从需求导向切入。其前身是多玩游戏网，靠运营热门多人在线角色扮演游戏“魔兽世界”社区起家，此间让创始人李学凌看到了一块尚未被挖掘的需求——为用户提供更好的游戏体验工具，于是 2008 年 YY 多人语音聊天客户端产品应运而生。

其实此前腾讯做过一款类似产品 QQTalk，但李认为一是超前，因为大多数用户形成强烈的语音同聊需求是随“魔兽世界”的火爆而出现的；二是其通信过程和用户体验不顺畅。更没想到，巨人也有打盹的时候，腾讯在 YY 正式发布前几个月宣布停服 QQTalk，这一停就是两年多，等它 2010 年下半年醒悟时，YY 通过口碑在草根人群中病毒式传播，注册用户破亿，成为中国最大的游戏语音聊天工具，并成功渗透到腾讯的游戏用户中。

从自我导向切入，李商隐的创新

诗的产品本质是言志抒情，怎么言怎么抒？传统手法有三种。

◇ 直抒胸臆，而把客观景物作为背景，如李白“相见情已深，未语可知心”。

◇ 寓情于景，主观情感通过对景物的客观描写而体现，如杜甫“感时花溅泪，恨别鸟惊心”。

◇ 情景之中夹带议论，宋诗较多，如陆游的“山重水复疑无路，柳暗花明又一村”。

李商隐开创了第四种，直描内心的意象组合。

李所处的晚唐沉闷压抑，李又人生坎坷，10 岁丧父，从小孤贫，寄人篱下，性格内向，加上后来爱情仕途双失败，始终沉沦下僚，郁郁寡欢，因此心灵格外敏感，亦即他的内心体验要比对于外物的感知更为细腻。这时，当心灵受到外物触动时，会形成一串混混沌沌的心象序列，发而为诗，就外化为恍惚迷离的诗的意象组合，非真实、非逻辑、非理性、思路跳跃、晦涩难解。以《锦瑟》为例：

锦瑟无端五十弦，一弦一柱思华年。
庄生晓梦迷蝴蝶，望帝春心托杜鹃。
沧海月明珠有泪，蓝田日暖玉生烟。
此情可待成追忆，只是当时已惘然。

解释莫衷一是，有认为是自伤迟暮，有认为是悼念亡妻，有认为是追忆旧爱，有认为是忧国忧民，有认为是自比文才，有认为是锦瑟幽怨……诗照如图 5-4a 所示。

这就是所谓的心象构筑物象，没有过渡与照应，纯意识流组合，不同时空的场景浓缩于一瞬，或者现实与虚拟叠加——宛如当今谷歌眼镜等采用的增强现实技术，如图 5-4b，这是李商隐从自我导向切入的重大创新，乃至清代学者吴乔认为，唐人中能自辟宇宙者，只有李、杜、韩愈和李商隐四人。

a. 河南荥阳李商隐公园《锦瑟》诗图　　b. 谷歌眼镜增强现实技术

图　5-4

******

介于韩愈怪奇与李商隐自我之交集的我认为是诗鬼李贺，字长吉，是传承屈庄李白传统的天才诗人，是诗史上最著名的歌唱忧郁和苦闷的诗人，想象诡异、构思幻诞，南宋严羽在《沧浪诗话》中将其风格命名为“长吉体”。摘录几句，如《吕将军歌》“独携大胆出秦门”，《金铜仙人辞汉歌》“天若有情天亦老”，《梦天》“老兔寒蟾泣天色”等。

唐诗研究专家、北大陈贻焮教材在《唐诗论丛》第 208 页中这样描述李贺的创新，“对某一史实或生活中某一事物偶有所感，便从一点生发开去，精骛八极，神游千载；既要从现实中解脱出来，力求想象的荒诞，又要紧紧地依据生活经验，力求感受的真切和形象生动，并设法将这对立的两方面统一在同一诗歌意境中。”

******

命运令人唏嘘的三位天才李白、李贺、李商隐是我的最爱，他们人生最大的错误是误入凡尘。“永忆江湖归白发，欲回天地入扁舟”，中国啊，我们的国土太小，容纳不下这些精神独立的灵魂，空使他们“虚负凌云万丈才，一生襟抱未曾开”。

异质时空，第三极创新

国史上有两次外来文明的大规模进入。第一次是东汉末年传入的印度佛教，西域僧人和中土僧人共同翻译经典，传播教义，到南北朝已逐渐融入中国文化之中。有唐一代禅宗的兴盛使得佛教的本土化完成，影响巨大，仅禅诗就留存数万首之多，其创新将在第7章体验创新中展开。

第二次是晚清、民国时期进入的西方文明，由此引发的1917年文学革命标志着古典诗歌的终结。一方面是后人再未超越唐宋两大藩篱，历经元朝元好问、明七子复古唐音，清代钱谦益、纳兰性德回光返照，龚自珍后油尽灯枯，创作走向陈词滥调和为赋新词强说愁的无病呻吟；另一方面是诗的词汇与现代口语完全脱节，格律束缚了创作自由。

新诗革命的使命就是废除旧体诗形式上的束缚，以白话入诗，以表现真情实感为主要内容。1917年2月，《新青年》刊出胡适的白话诗八首，是新诗运动的第一批产品。第一本用白话写的诗集是1920年胡适的《尝试集》，表现个性解放、人道主义和民主自由。如《蝴蝶》：

两个黄蝴蝶，双双飞上天。不知为什么，一个忽飞还。
剩下那一个，孤单怪可怜；也无心上天，天上太孤单。

现在看来确实没什么文学味，不过时评认为，其价值在于“与人放胆创作的勇气”，以及从中体现的“前空千古、下开百世的先驱者精神”。

此后，一代诗风大开，如1921年以《女神》从艺术上为新诗奠基的郭沫若；提倡为艺术而艺术的新月派徐志摩、闻一多等；借鉴西方现代艺术手法的现代派卞之琳、戴望舒等；借鉴法国象征主义的象征派王独清、李金发等；现实主义的七月诗派如胡风、艾青等……绵延至今，如文革后朦胧诗派崛起，代表诗人北岛、舒婷、顾城等……而我结识这一代及以后的诗人已是2003年回国前后了，2005年还专程去北大旁观了朦胧诗30周年庆典，2015年4月参加了在北大举行的新诗百年庆典。

最后，在诗歌产品的形式与内容的创新上，我每诗必试，如将编程语言与诗的语言混搭，中英文跨界，新语言如网络语言入诗，新社会现象或周游全球的新生事物入诗等。攫组诗“青春赋值debug world”的第一首《七律 · Hello World》如下，追忆1986年彗星划过，初入北大的历历情境：

那年星慧划天衣，
落赋燕园计算机。
闻道递归if-then判，
随心迭代do-while依。
未湖问影青名未？
博塔寻真尔雅期。
莫负扉词“hello-world”，
乾坤重构de-bug时。

第6章 惟将终夜长开眼，蓬门今始为君开
——服务创新

惟将终夜长开眼，报答平生未展眉。
——（唐）元稹，《遣悲怀·其三》
花径不曾缘客扫，蓬门今始为君开。
——（唐）杜甫，《客至》

> 余额宝类互联网金融的创新点及本质是什么？如何抓住本质而纲举目张？诗歌如何从“诗以言志”的产品本质演变为“文以载道”的服务创新，并对中国文学产品造成千年重创？服务创新切入的三大维度——格局内、打破格局、格局内外交互各是什么？

互联网服务创新

“今天又赚了几块钱，把上班的交通费给赚了出来，还有些个富余……跑步进入高富帅、白富美。”自从把钱从银行搬到了余额宝，员工们如是调侃。

2013年6月中旬，阿里巴巴推出年化收益率6%左右的“余额宝”互联网金融服务创新，上线一周，客户数破百万；到年底12月31日，客户数4 303万，资金规模1 853亿；到2014年3月31日，规模5 413亿元，客户过8 100万；规模中国第一，全球前十。

期间百度百发、腾讯微信理财通等次第推出，互联网金融摧枯拉朽。百度指数的“互联网金融”一词在 2013 年 6 月拔地而起，如图 6-1 所示，乃至业界把 2013 年称为“中国互联网金融元年”。

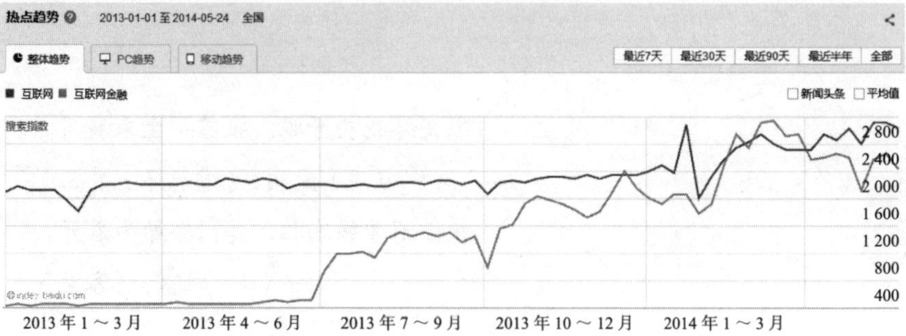

图 6-1　百度指数热词对比：“互联网”与“互联网金融”

银行随之进行了应对，2014 年 3 月，阿里、腾讯的虚拟信用卡和二维码支付先是被叫停；紧接着，工、农、中、建四大国有银行下调网络支付的限额，打响了反击战……进入 5 月，随着市场资金面宽松及其他因素，余额宝收益率不断下滑乃至跌破 5%。

创新表象背后的时间维度

在《半面创新》的“审时任势”章节，我用宏观的经济周期、中观的行业周期与微观的产品周期来分解时间维度对创新的影响。例如，信息技术的行业周期是 15 年左右，分解到短波则是四个大浪，如图 6-2 所示。大致是硬件和基础设施先行，平台级软件其次，内容 / 应用 / 服务紧随，电子商务与网络金融断后，于是，这一轮的创新就被固化在人类生活方式之中。

例如，当今云计算 / 大数据 / 移动互联网时代，硬件的智能手机、基础设施的云计算、3G/Wifi 等先行，平台级软件如苹果 iOS+AppStore 或安卓 + 安卓市场随后，应用如愤怒的小鸟、微博、微信（从初始的应用变为二级平台）紧跟，移动电商 / 移动支付 / 互联网金融断后……如今正是第四个大浪汹涌而来。

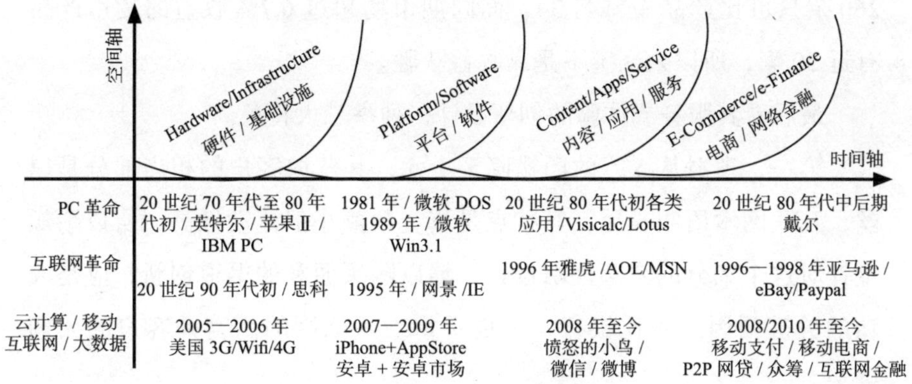

图 6-2　信息技术行业的短波周期

余额宝们的创新点在哪里

余额宝最初的年化收益率是 6% 左右，微信理财通 7% 左右，除收益率远高于银行存款利率，它更是将理财产品的购买门槛从 5 万降至 1 元，“蓬门今始为君开”，直接收获了巨量屌丝客户；同时还支持“ T+0”资金划转，在功能上与银行活期存款一样，而后者利率仅为 0.35%，甚至一年期定存也才 3%，于是人们将存款纷纷从银行搬家。余额宝们究竟做了什么创新？

首先它不是金融产品创新，因为余额宝挂钩的是天弘基金公司的一款货币型基金产品——天弘增利宝，是早已存在的产品形态。此前基金公司的产品销售主要有三个渠道：基金公司直销、专业销售公司代销、银行代销，而以后者为最，因为银行有商誉、网点和客户资源优势。而阿里、腾讯这样的互联网巨头，同样拥有商誉及客户资源优势，所以只需通过互联网渠道创新，其存取客户的渠道成本就远远低于以开设实体网点为渠道的银行业。

再看收益。据权威资讯 Wind 统计的收益比较，余额宝所联结的天弘增利宝 2014 年以来至 2 月底的 7 日年化收益率均值为 6.44%，在 260 余只可比产品中排名 34，而同期市场超过 6.7% 收益的货币产品有近 20 家，所以余额宝不是靠收益获胜。

最后看其服务或体验的创新设计，列举三大特色。

第一，理财从 5 万的门槛降至 1 元，其获取客户的相当部分是屌丝，互联网术语叫长尾，其特点是资金数额小但流动性高，所以余额宝针对这个细分的余额理财设计，辅以购买便利的渠道创新，应是成功的关键要因。对比银行，则更看重二八原则的高富帅客户的大额资金。

第二，对流动性高的客户需求，阿里通过“T+0”实现，即当日购买、当日份额确认，或当日赎回、当日资金到账。其底气一来是因为其网上交易，二来是其拥有支付宝的巨量沉淀资金作为后盾；而传统基金公司则基本是“T+1”，晚整整一个甚至更多的工作日。

第三是员工们最尖叫的功能——每日公布收益，这是一种每天都有钱赚的体验设计，而传统基金的收益尽管也是天天计算，但给客户的结算却是隔段时间后再将累计收益转为份额，其公布一般也不累计净值，只公布每万份基金净收益和 7 日年化收益率，所以用户感觉余额宝比其他基金产品更能赚钱。

抓住本质、纲举目张

继续解析余额宝的产品本质。金融是经济的命脉，然而，既有活期存款特性、又有较高收益的余额宝产品，其产品本质却不像其他金融产品是投资于实体经济；换句话说，它不具备给实体经济造血的能力，因为其收益仍是依托于银行，它投资的是货币基金。从天弘增利宝 2013 第 4 季度报告中看到，高达 92.21% 的资金都投向了安全性高、流动性强、收益稳定、利率也不菲的银行同业存款，这样余额宝的收益回报取决于货币市场资金价格走势，后者又取决于货币市场流动性紧缺与否，在季末、年底流动性紧张的时点，同业存款利率经常能超过 8%～10%，这也是这款产品选择在 6 月中旬中国货币市场“钱荒”爆发之时推向市场的原因。

一切创新创造落地于产品，产品是为客户创造价值的载体（注：任何产品都是产品、服务与体验的三位一体，只是比例多寡）。每种产品都有其内在本质，抓住本质方能纲举目张。例如，系统软件的本质是开放平台；应用软件的本质是行业化、专业化、本土化；互联网产品是双边市场；家电连锁与电子商务是物流与供应链；经济型连锁酒店是标准化、连锁化、品牌化及成本管控等。

诗歌或更广义的文学产品的本质是什么

2015 大年三十，打开微信，跃入眼帘的是选我为导师的新华都商学院 2013~14 级九位 EMBA 学员制作的拜年视频，一时感极潸然，即以学员名姓为材，填词《如梦令·半面创新团队》为谢：

天健鼎刚强世，
地厚维靖建吉。
桥半启教迪，
江驰海东伤逝，
顺逆，顺逆，
华诞金凤衔玉。

词写江海流东，逝者如斯，希以“天行健，君子以自强不息；地势坤，君子以厚德载物”再造自我，不计成败、无论顺逆，终有涅槃华诞。九位学员，首句丁刚、姜世强，次句陈维靖、陈建吉，然后张迪，然后王驰江、张海东，末句王华玉、林金凤。

载于《尚书》的诗学开山纲领是“诗以言志”，即“诗言志，歌咏言，声依咏，律和声。”美学大师朱光潜考证，“志”是指心所念虑、心意所趣向，主要指人内心的思想、意愿、抱负、志向和情感等。《诗·大序》最后明确为“诗者，志之所之也，在心为志，发言为诗，情动于中而形于言。”即诗是人的心灵世界的呈现，是抒发人的思想、情感的，这是诗歌产品的本质特征。唐诗大抵如斯创作。

到了中唐，韩愈、柳宗元、元稹、白居易做出服务创新，韩柳提出“文以明道”，元白则强调“文章合为时而著，歌诗合为事而作”的价值新主张。一言以蔽之，“文”要为“道”服务，文学的根本目的是为了实现“道”的统摄人心的力量，诗文创作应从具体事件有感而发，要为现实社会政治服务，而不能仅仅抒写个人的情怀，成为流连光景的工具。到了宋朝，理学家周敦颐继续发挥为“文以载道”说。

那么“道”究竟是什么？韩愈明确提出，就是孔夫子、孟轲、扬雄所传的道，亦即儒家正统的政治伦理思想。

总之，文道论的服务创新，价值定位于“文”是手段，“道”是目的；“文”是形式，“道”是内容。它放弃了追求艺术之美的文学独立存在的审美价值，走上了背离文学发展主流的邪路，对中国文学造成了千年重创。

“诗以言志”与“文以载道”两种服务模式下的产品比较

唐诗盛极，宋诗要和唐诗做差异化创新，怎么做？不妨先看几例，做不完全归纳。

同写庐山，李白有《望庐山瀑布》，苏轼有《题西林壁》。

李：日照香炉生紫烟，遥看瀑布挂前川。飞流直下三千尺，疑是银河落九天。

苏：横看成岭侧成峰，远近高低各不同。不识庐山真面目，只缘身在此山中。

李白直描瀑布本身的具体形象，对瀑布的喜爱之情溢于言表，是从诗中自然透发出来的，即通过形象描绘来表现情感思想，情感的表达含蓄而耐人寻味，情寓于象之中。苏轼则直白地表达看山所引发的哲理性思考，启示人们在认识客观世界时，常常会局限于某一局部表象而未能把握全局及本质，前两句的庐山具象描绘仿佛是为了烘托后两句哲理思考作铺陈。

其他同理。如写春，孟浩然是“春眠不觉晓，处处闻啼鸟。夜来风雨声，花落知多少”；而宋朝叶绍翁则是“应怜屐齿印苍苔，小扣柴扉久不开。春色满园关不住，一枝红杏出墙来”，表达新生事物一定会冲破樊笼的哲理。

同写读书，杜甫“昔甫少年日，早充观国宾。读书破万卷，下笔如有神”；宋朝陆游则是“古人学问无遗力，少壮工夫老始成。纸上得来终觉浅，绝知此事要躬行”，表示知行合一才能认知事物本质的哲理。

……

一般认为，唐诗重“象”，宋诗重“意”。唐诗多以风情韵致擅长，热烈、外扬、色泽丰美。宋诗则“以文字为诗，以议论为诗，以才学为诗”（严羽《沧浪诗话》），表现人生哲见和生活理趣，故多以筋骨思理见胜。所以，如果用一句话概括，则唐诗是诗人之诗，宋诗是学者之诗。

摘抄当代学者缪钺在《诗词散论》第 36 页中的经典评论如下：

“唐诗以韵胜，故浑雅，而贵蕴藉空灵；宋诗以意胜，故精能，而贵深析透辟。唐诗之美在情辞，故丰腴；宋诗之美在气骨，故瘦劲。

唐诗如芍药海棠，秾华繁采；宋诗如寒梅秋菊，幽韵冷香。读唐诗如啖荔枝，一颗入口，则甘芳盈颊；宋诗如食橄榄，初觉生涩，而回味隽永。譬诸修园林，唐诗则如叠石凿池，筑亭辟馆；宋诗则如亭馆之中，饰以绮疏雕槛，水石之侧，植以异卉名葩。譬诸游山水，唐诗则如高峰远望，意气浩然；宋诗则如曲涧寻幽，情境冷峭。唐诗之弊为肤廓平滑，宋诗之弊为生涩枯淡。虽唐诗之中，亦有下开宋派者，宋诗之中，亦有酷肖唐人者；然论其大较，固如此矣。

就内容论，宋诗较唐诗更为广阔；就技巧论，宋诗较唐诗更为精细。然此中实各有利弊，故宋诗非能胜于唐诗，仅异于唐诗而已……故宋诗内容虽增扩，而情味则不及唐人之醇厚……盖唐人尚天人相半，在有意无意之间，宋人则纯出于有意，欲以人巧夺天工矣。”

缪钺先生更举唐人以为不能入诗或不宜入诗之材料，而宋人皆写入诗中的诸多例证，以说明宋诗内容之更为广阔；又从用事、对偶、句法、用韵、声调诸端立论，以阐释宋诗技巧之更为精细。最后总结道：“宋人略唐人之所详，详唐人之所略，务求充实密栗，虽尽事理之精微，而乏兴象之华妙，故唐诗中深情远韵，一唱三叹之致，宋诗中亦不多觏。”

“文以载道”服务创新之流弊与再颠覆

文道创新在唐宋之后成为了中国文学的主流价值范式，千载而下，覆盖唐宋的古文运动、明代的复古运动、清代的古文家和桐城派等。

其流弊，茅盾反思过，“登高而赋，一定要有忠君爱国不忘天下的主意放在赋中；触景做诗，也一定要有规世惩俗不忘圣言的大道理放在诗中；做一部小说，也一定要加上劝善罚恶的头衔；便是著作者自己不说这话，看的人评的人也一定送他这个美号。总而言之，他们都认为文章是有为而作，文章是替古哲圣贤宣传大道，文章是替圣君贤相歌功颂德，文章是替善男恶女认明果报不爽罢了。”

茅盾还从艺术方法上反思，文以载道会“抛弃真正的人生，不去观察不去描写，只知把圣经贤传上朽腐了的格言作为全篇‘柱意’，凭空去想象出些人事，来附会他‘因文以见道’的大作”。

其结果，文以载道最终使人失去独立之精神、自由之思想，而成为道的奴仆，成为统治阶级政治教化的工具。因为创造力源于独立行空的自由想象，触及灵魂深处，观照人性根本，从而我手写我心，我手写我情。如果硬塞一个主旋律之道，创作时总是战战兢兢地想着为谁辛苦为谁甜，于是想象力被腰斩，创造力被阉割。

其实也能理解，因为文人举子十年寒窗苦，学成文武艺，学而优则仕，货与帝王家，其人生最高理想无非是隆为帝王师、致君尧舜上，而一旦帝王欣赏，则士为知己者用，这是中国知识分子之路的历史渊源。尽管也有“士不可以不弘毅，任重而道远”的古训，以及陶渊明不为五斗米折腰的实践，可是体制之下，焉有完卵，付出的人生成本代价极高，如陶渊明“夏日长抱饥，寒夜无被眠”，如李杜之凄凉晚景。

于是大多数人只能以人格换嗟食，令我不由想起《四库全书》总纂、三任礼部尚书的纪晓岚。当时内阁学士尹壮图指陈弊政，称各省督抚“声名狼藉，吏治废弛”，而晚年的乾隆早已听不进逆耳忠言，于是朝臣们讨主子之好，奏议将尹拟斩，纪因与尹父同年进士而为尹求情，乾隆雷霆震怒：“朕以你文学优长，故使领四库书，实不过以倡优蓄之，尔何妄谈国事！”我都不敢想象，纪晓岚面对这种人格侮辱而五雷轰顶、呆若木鸡的场景，转念一想，如果是李白，会不会“安能摧眉折腰事权贵，使我不得开心颜”地“仰天大笑出门去”。

于是，民国1917年新文化运动就是在推翻“文以载道”中揭幕，这是在北大校长蔡元培“兼容并包，思想自由”主政期最辉煌的一幕。

后来成为北大副校长的梁柱是我们本科时的近现代史老师，在 80 年代新启蒙的宽厚、宽容和宽松的环境下，尚能以良史之忧心忧天下，给我们详细地讲过这一段，讲课时慷慨激昂，动情处声泪俱下，是我当年最喜欢的课。

先看胡适，但开风气不为师，他在《文学改良刍议》率先提出了八项主张，第一项就是“言之有物”，这个“物”是情感和思想，不是“文以载道”的“道”。

陈独秀则认为自韩愈以降的所谓载道之文，不过是抄袭孔孟以来极其肤浅空泛的门面语而已，而胡适“言之有物”虽比“文以载道”程度轻，但逻辑相同，文学还是作为了“物”的工具和手段，没有真正实现“文”的完全独立和解放。所以，他提出了文学本义是文以代语、达意状物而已，至于载道与否、有物与否，都不是文学存在与否的理由。

然而，陈独秀在实践中又提出了建设国民文学、写实文学和社会文学的三大主义，陷入了逻辑悖论，当然他也担心文学被“道”所用，受制于“道”，成为主义的工具和手段。不过，历史吊诡，不幸为他言中……

新文化运动的结果，郁达夫总结，它发现了自我，促生出新的意义，将中国文学对接上了世界文学。老舍进一步提出，道德是伦理的，文学是艺术的；道德是实际的，文学是要想象的；道德的目标在善，文艺的归宿是美；对“文以载道”的批判是为了实现中国文学从道德规定的“善”到创作自由的“美”的转变。

服务创新的切入维度

回到服务创新，我将之分为三类，一类是在现有的服务格局之内做创新，一类是打破现有的服务格局，一类是格局内外做服务与非服务的互相转换，如图 6-3 所示。

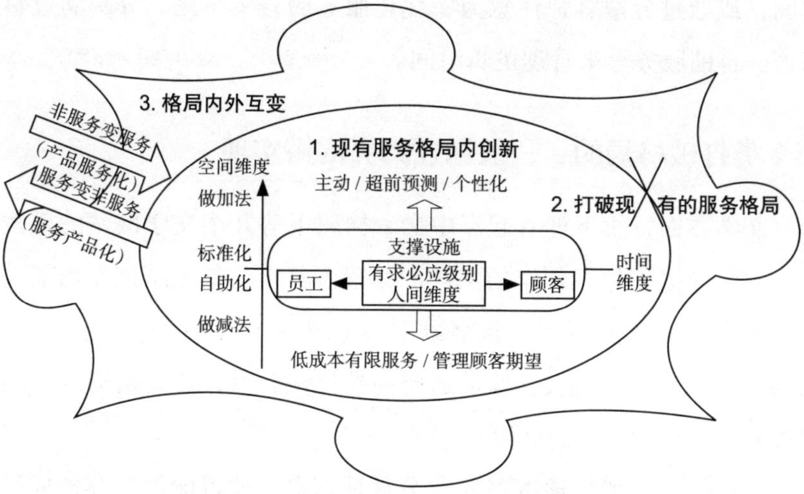

图 6-3　服务创新的三大切入维度

第 1 类格局之内的，从时空维度考量

例如，韩愈、柳宗元将“诗以言志”变为“文以明道”的创新，在现有格局内做时空加减。

更一般地，可在空间维度上分为三个层级。

◇ 基线层级是有求必应，即客户有求，服务方被动式响应。

◇ 往上做加法则是由服务方主动、超前预测并提供个性化服务。如客户进入酒店，监视器提取其头像并与数据库匹配，如果此前住过，则提取姓名告知前台，当客户到达前台，一句“周先生，欢迎您再次光临”要比“先生，欢迎光临”更有宾至如归的人情味。

◇ 往下做减法则是只提供有限服务，但是通过适当降价来管理客户的服务期望。如低成本航空的春秋航空、经济型连锁酒店的如家、团购等的创新。

时间维度则可以通过并发、调序、挤压、重构等缩短流程的物理时间，或通过分散客户注意力、优化服务的开头结尾、分割满意整合痛苦、自助服务等来管理逻辑时间。

第 2 类打破格局的，一般通过跨界混搭实现

文学方面，旗下拥有起点中文、榕树下等几个文学网站的盛大文学公司，作家把他们创作的文学产品置于其上，如桐华创作出了《步步惊心》放在起点网上，读者通过手机来阅读，盈利模式是每千字三四分钱，作者、盛大、移动运营商按比例分成，这是格局内的服务模式。

再进一步，如果这本书的点击量足够多，就可能把它翻拍成影视剧，如《步步惊心》2011 年被拍成了电视连续剧，在湖南卫视首播并轰动全国。更进一步，可以卖《步步惊心》的剧服或卡通做电商，或把它编成网络游戏等，这些都属于打破格局的服务创新。

当然，这个模式不无问题。2013 年我带交行学员参观盛大时，对其介绍的这个按字数计费的模式点评为“ You get what you measure”，结果应是作者不断给作品注水、稀释内容以拉长字数获得更高收益，是否意味着网络文化从统计意义上不太能出好作品。

前文提到的余额宝与微信支付等互联网金融服务创新，其实已是阿里和腾讯之间针对移动支付布局的第二场战斗——绑定银行卡的数量和种类之战了。

第一场是高频 O2O 应用的打车之战，腾讯入股的滴滴打车和阿里投资的快的打车，争夺用户基数及形成移动支付习惯。这项服务创新旨在解决出租车行业信息不对称的问题，从而重新分配资源。具体地，出租车司机可以获取周边 3 公里内的用车需求，降低其最为担心的空

驶率；乘客可以采用多付一定费用的灵活方式预约出租车，这个多付的费用弥补了出租车空驶及拥堵成本。

第三场则是正在进行中的向商场 POS 进军，争抢线下 B2B 的商家客户。

站在更高层面审视互联网对金融服务业态的颠覆性创新，其实从 19 世纪 30 年代电报的兴起，到后面的电话、计算机，到今天的互联网、移动互联网，每一次通信和信息技术的变革都对金融业产生了颠覆性的影响，因为金融业的三大基石就是制度、信息和技术。

除了常见的各银行开设的网上银行、手机银行以及最近的微信银行外，表 6-1 列示了几个重要品类。

表 6-1 重要的互联网金融服务创新

品类	典型产品	简要说明
网络投资理财	余额宝 / 百度百发 / 微信理财通	通过网络渠道购买基金、保险、股票等理财产品。而银行的理财门槛一般 5 万起步，互联网公司降至 1 元，是谓“屌丝理财”
网络支付 / 移动支付	支付宝 / 银联 / 中国移动	利用 PC 或移动终端对所消费的产品进行支付，金融机构、电信运营商、互联网公司占据主导，分近场支付和远程支付
小微企业贷款	阿里小贷 / 京东供应链金融 / 苏宁小贷	仿照美国 UPS/ 沃尔玛的供应链金融。中国的银行贷款更多投向大企业或国企。以阿里为例，其拥有庞大的交易数据和信用评价体系，可针对小微企业进行更加准确的风险定价及贷后管理
P2P 融资借贷网络平台	人人贷 / 拍拍贷 / 宜信	仿照美国 lendingClub，针对信用良好但缺少资金的个人或小微企业，以线上线下结合的有担保模式为主
众筹 Crowdfunding	众筹网 / 追梦网 / 点名时间	仿照美国 kickstarter，面向公众的集资模式，即如果你有很好的创意，可以通过展示创意获得大众的资金支持

更一般的产融结合，我分解为四个层级。

◇ 产品层级，以金融推助产品，如汽车、房地产业的分期付款。

◇ 业务层级，以金融协同经营，如企业发行信用卡、余额宝类，即产业中的业务通过共用客户网络、销售渠道、物流渠道等向金融自然延伸。

◇ 企业层级，以金融放大收益，如银企合作、财务公司、金融控股集团等。

◇ 产业层级，以金融整合产业，如 J.P. 摩根整合美国钢铁业，德隆曾经的产业整合。

具体可参考《半面创新》的“产融链”部分。

第 3 类格局内外互变的，主要是服务产品化或产品服务化

服务产品化，如美国次级贷原是房地产贷款服务，通过产品化变为标准化的金融衍生产品销往全球。

产品服务化，我引《未来企业之路》第 175 页总结的思路来说明，如表 6-2 所示。

表 6-2 产品服务化的思路

思路	案例	特征
产品阶段	大部分的产品企业	产品收入占据企业大头，没有服务项目或只是基本的产品售后维修等服务
基于产品的增值服务	如在美国买彩电免费 1 年，可通过多付费延至 3 ～ 5 年	如延长保修期，集设计、产品和施工于一体的“交钥匙”工程，基于产品的差异化、个性化服务
脱离产品的专业服务	如远大空调将卖空调产品变为提供冷热服务的外包运营	将领先于市场的研发、供应链、销售等运营能力向外延伸，作为服务提供给其他企业，如技术转让，提升客户的运营效率，外包服务，收入来源于服务项目的佣金
服务导向的解决方案	如 IBM 在客户的整个生命周期提供软硬件一体化服务及大数据运营处理服务	企业不再是产品提供商而是解决方案提供商，以服务为公司的核心竞争力。着力挖掘和洞察客户需求，利用强大的服务体系解决直接影响客户业务增值的问题

第7章 乱花渐欲迷人眼，心有灵犀一点通
——体验创新

乱花渐欲迷人眼，浅草才能没马蹄。

——（唐）白居易，《钱塘湖春行》

身无彩凤双飞翼，心有灵犀一点通。

——（唐）李商隐，《无题》

体验创新是超越用户需求并给用户带来难忘回忆的产品或服务的组合，可分象内与象外两层。本章类比“天下文宗”王维与体验创新大师乔布斯，从象内五官通感层级的诗画音乐混搭、科技与人文跨界，到象外只可意会不可言传层级的睿智禅心。

习李新政，整顿四风。

一时间，高档馆所门可罗雀，茅台五粮股价大跌。

又是一天宴会时，只见服务员笑容可掬地在每位嘉宾台前摆上一瓶350毫升矿泉水，打开，喝！哇噻，茅台！众人相视一笑，莫逆于心，这就是超越消费者期望又带来难忘回忆的产品与服务组合——体验创新。

什么是体验创新

体验创新是在从购买到使用的全过程——时间维度，调动可以刺

激消费者六根——眼耳鼻舌身意——的各种资源和能力，设计出非常规的、超越消费者期望值的产品或服务组合——空间维度，给消费者带来“此中有真意，欲辨已忘言”的难忘回忆——人间维度。

例如，电子商务的成功要素就是优化线上线下一体化的全程用户体验——商品品类丰富、质量确定、价格实惠、图片美观、文字准确、搜索简易、购买方便、付款多样、送货及时、退货便利、隐私安全等。

此时，产品化为“道具”，环境成为“舞台”，消费者成为“主角”，生产者作为“配角”为之“服务”，通过场景或主题设计，让消费者身临其境参与价值再创造，为其创造一种独特的经历，当其理智与情感达到特定水平时，意识中就会产生一种愉悦、难忘的感觉。因为每个消费者在互动其间的感觉是不同的，体验创新蕴含了个性化的内涵；享受体验服务的时光一般短暂，但其结果可以留存长久的记忆。

2013 年 12 月与小提琴协奏曲《梁山伯与祝英台》作者之一的陈钢先生会面。我对他说，中国音乐产品能走向世界的到目前为止恐怕也只有区区这么一款。当然，如果爱迪生三大发明之一的留声机不是在 1877 年而是魏晋时期发明，嵇康的《广陵散》说不定已是世界保留曲目。据说临刑前嵇康一声叹息：别人想学我总是吝惜而不愿传授，《广陵散》于今绝矣！我更遗憾，难道竹林其他几贤都没在刑场，用文字来记录这旷世之音，因为唐人就是这么做的……

唐代描摹音乐的三篇大作，分别是白居易的《琵琶行》、韩愈的《听颖师弹琴》及李贺的《李凭箜篌引》。清朝学者方扶南评说，韩足以惊天，李足以泣鬼，白足以移人。

……

（白）

大弦嘈嘈如急雨，小弦切切如私语。

嘈嘈切切错杂弹，大珠小珠落玉盘。
间关莺语花底滑，幽咽泉流冰下难。
冰泉冷涩弦凝绝，凝绝不通声暂歇。
别有幽愁暗恨生，此时无声胜有声。
银瓶乍破水浆迸，铁骑突出刀枪鸣。
曲终收拨当心画，四弦一声如裂帛。
……

白诗正面描摹与侧面烘托结合，用拟声词、比喻等将听觉具象化，不但写有声，还写无声时的余韵，重在音乐及节奏本身，当然也通过乐曲变化来抒写演奏者内心的情感起伏

（韩）呢呢儿女语，恩怨相尔汝。
划然变轩昂，勇士赴敌场。
浮云柳絮无根蒂，天地阔远随飞扬。
喧啾百鸟群，忽见孤凤凰。
跻攀分寸不可上，失势一落千丈强。
嗟余有两耳，未省听丝篁。
自闻颖师弹，起坐在一旁。
推手遽止之，湿衣泪滂滂。
颖乎尔诚能，无以冰炭置我肠。
……

韩诗更上一层楼，诗画混搭，听觉之外增加视觉蒙太奇。
镜头#1 琴声袅袅，仿佛恋人耳鬓私语；
镜头#2 琴声激昂，又似猛士跃马奋戈；
镜头#3 浮云柳絮，悠声飘荡天地间；
镜头#4 百鸟鸣啾，间或着凤凰孤鸣……爱迪生三大发明之一的有声电影已是1890年前后

（李）吴丝蜀桐张高秋，空山凝云颓不流。
江娥啼竹素女愁，李凭中国弹箜篌。
昆山玉碎凤凰叫，芙蓉泣露香兰笑。
十二门前融冷光，二十三丝动紫皇。
女娲炼石补天处，石破天惊逗秋雨。
梦入神山教神妪，老鱼跳波瘦蛟舞。
吴质不眠倚桂树，露脚斜飞湿寒兔。
……

白、韩均写客观、理性的人间意象，李贺则用非现实、非理性、声光电一体化的混搭蒙太奇，调动消费者听觉、视觉、触觉、嗅觉、味觉等五官通感，写出了令人难忘的体验创新

体验创新的层级

不妨抄录我女儿 11 岁写的一首小诗 *Green*。

（Ⅰ）

Green is clover. Green is trees.
Green is the color of peppermint leaves.

Green is parsley. Green is ferns.
Green is the cover of watermelon skins.

（Ⅱ）

Green is many birds chirping at a time.
Green is the smell of soil in a garden.
Green is the feel of a petal of a flower.
Green is the taste of a raindrop in my mouth.

（Ⅲ）

Green is life. Green is love.
Green is the happiness of every living being.

Green is peace. Green is truth.
Green is the freedom of every living spirit.

从人的六根——眼耳鼻舌身意——角度，第一节是眼中看到的绿，第二节是耳鼻舌身感知的绿，第三节是“意”期许的绿。当然了，六根之中，前五者的刺激形成五官通感的体验创新仍在象内，最高境界则是让消费者参与其间二次创造，达到意境的象外层级，如图 7-1 所示。

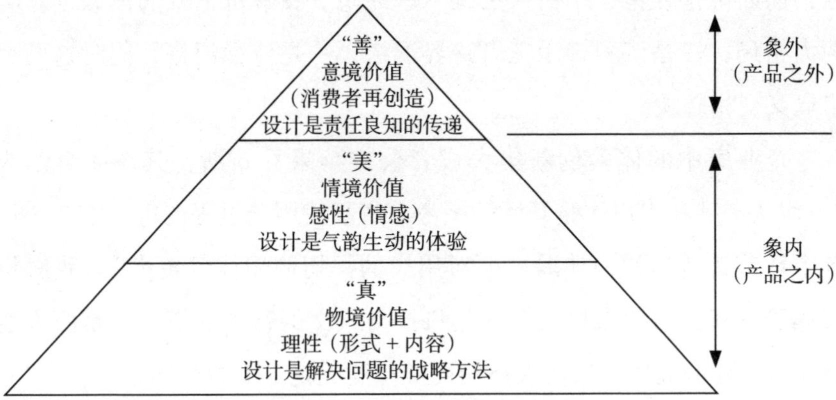

图 7-1　设计的三层境界

站在消费者角度，我理解的设计为三层境界，首先是基于事实的“物境”层级，如产品的外观、材质、功能等，是包括形式与内容的理性部分；然后是情感认同的“情境”层级，如时尚、端庄、有面子等，是产品的感性情感部分；最后是价值认同的“意境”层级，如良知、责任、大悲悯等。前两者是消费者的客观感知、感动，是 outside-in ；后者是消费者对于自我行为关系的主观能动或二次创造，是 inside-out。

其中，物境对应求真层，它源于生活，在生活中洞察事物，发现生活的不合理，从而捕捉产品本质，找到简单、实用、经济的路径，此时设计是解决问题的方法；然后在这个过程中“高于生活”，情境对应求美层，能否更有品位，给消费者带来愉悦、感动，此时设计是气韵生动的体验；最后意境对应求善层——用良知良能唤起消费者的精神价值共鸣，此时设计是责任良知的传递。一言以蔽之，设计是求真、求美、求善的人生态度。

诗人中自下而上三境覆盖的我以为是“十项全能”的王维，唐代宗在其辞世后的批答手敕中推其为“天下文宗”。后世一般把王维排在李杜之后的第三或第四，流传最广的《唐诗三百首》按收诗数量排名，前四位是杜甫、李白、王维、李商隐。我解析王维的体验创新为两大格局，一是诗画音乐三者跨界混搭，一是诗禅混搭，同时这两大格局又交相辉映。

企业家中的体验创新集大成者公推苹果乔布斯，其产品哲学为“一切从产品和用户体验开始……考虑产品使用全过程的每一细节……各个环节皆传达用户体验……对用户的一切使用体验负责”。我解析其体验创新也为两大格局，一是科技与人文的跨界混搭，一是西方逻辑与东方禅心混搭，这两大格局同样彼此成就。下面对比分析。

五官通感混搭成：诗画音乐混搭之王维 vs. 科技人文混搭之乔布斯

王维精通绘画，开文人画的南山之宗，着意渲淡、神韵。苏东坡赞其“诗中有画，画中有诗”，并与画圣吴道子比较，认为吴“雄”，但“犹以画工论”，就是仍在象内，就产品论产品，处于物境与情境层级；而王“清”，“得之以象外”，超越樊笼，达到意境层级。同时王维精通音律，既能从画中看出弹奏的曲子，又能将音乐的灵性注入诗中。

图 7-2 《辋川图》局部

图 7-2《辋川图》是其晚年隐居其间之作。群山环抱出楼榭，层林掩映是亭台，一幅淡泊宁静的景致；更有云水流肆、舟楫过往，悠音绕悬梁的超尘绝俗。赏画时自然咏吟其

诗，白日咏《鹿柴》，“空山不见人，但闻人语响。返景入深林，复照青苔上”；夜吟《鸟鸣涧》，“人闲桂花落，夜静春山空。月出惊山鸟，时鸣春涧中”。诗画乐无缝融合，给人悠然神驰的用户体验。

其实王维是用画和乐的思维模式和技法写诗，把萧疏清淡的画风、玲珑起伏的音律与诗歌的古朴淡雅融通，把画中的配色、光影、远近等空间构图和音乐的动静、起伏、和谐等要素植于诗中，于是冷暖明暗错落有致，诗情画意音色兼得。

同理，前述梁祝音乐，把“问世间情为何物？直教人生死相许”的中国传统越剧故事用西方音乐的体式混搭演绎，西方人也听懂了，在头脑中二次创造为为了爱与自由的东方罗密欧与朱丽叶。

乔布斯则是“科技 + 人文 = 创新”的信奉与执行者，他声称，“苹果最让我骄傲的地方是科技与人文的融合……苹果的核心竞争力不仅仅是技术，真正使我们内心感动、产生共鸣的是技术与人文的结合，是技术与艺术的结合”。他指出，“只有跨界的人才能作出伟大的设计。达·芬奇既是伟大的艺术家，也是伟大的科学家；米开朗基罗不只是一名雕塑家，他也精通采石场的琢石技术。我认识的那些顶尖计算机科学家也都是音乐家……任何一个领域的顶级人才都不认为自己只属于一个领域。”

例如，第一台麦金塔机（Macintosh）的成功，就是乔布斯迷恋的优雅美丽、历史悠久、气质神秘的印刷艺术与科技的结合。甚至，就连其广告设计也体现着科技人文交融的原则，如名列世界十大广告的“1984”和“Think Different”，如图 7-3 所示。

其中，图 7-3 左部是 1984 年为发布麦金塔而作，它借用乔治·奥威尔政治讽刺名作《1984》所描写的极权社会的罪恶，在广告中描写一位青春少女（代表苹果）去挑战极权恶霸 IBM，广告播出后，苹果一举名扬世界。该图右部为苹果大厦将倾之际，1997 年乔布斯回归重塑核心价值观，它告诉人们，我们的偶像是爱因斯坦、马丁·路德·金、甘地、毕加索这些独立精神、自由思想而又推动人类进步的天才，而苹果正是为这些自以为能改变世界的人——他们是别人眼中的疯子，却是我们心中的天才——设计产品。

图 7-3　苹果广告体现着“科技 + 人文 = 创新”之原则

心有灵犀一点通：诗佛王维 vs. 禅心乔布斯

不经五官通感而直达意境层级的体验创新，仍以王维与乔布斯类比。

王维史称“诗佛”。历史上的佛教禅宗发于南朝梁陈之际，至唐一统天下，禅宗兴起，并在盛唐开元、天宝年间大盛。王维生于素食之家，其母信佛，并带他从小修行，师事一代名僧大照至 30 余岁，与为禅宗六祖慧能传法最得力的弟子神会关系密切。早年虽有用世之志，但为官之后几度沉浮，更因安史之乱中曾被迫接受伪职而形成沉重的自卑情结，于是中晚年时购辋川别墅隐居，怡情山水，崇信佛禅，创作出大量饱含禅理的产品。仅以《终南别业》分析：

中岁颇好道，晚家南山陲。

兴来每独往，胜事空自知。

行到水穷处，坐看云起时。

偶然值林叟，谈笑无还期。

首联介绍自己的生活方式；颔联写兴致一来则独游大自然，遇到趣事也只有自己“独乐乐”，“空”字应是感慨无法与熙熙攘攘、利来利往的红尘中人“众乐乐”的遗憾；颈联写诗人沿着山间溪流随心而行，不意间走到了水流尽头，于是索性坐下远望，此时云聚云散、云卷云舒——这是禅的人生态度：无路可走并非穷途末路，上苍为你关了一扇门，定然会再为你打开一扇窗，人生何处无风景，何必执著于一个既定目标；尾联写偶遇林中高士，与之谈笑风生，乐而忘返，随遇而安。

禅宗认为，人的一切痛苦是因为自由自在的本性迷失于世俗的名利权位之中，当人的欲望偏执一端时，就不能正常地看待天地万物，所以，内在的自我解脱最为重要，无须预设目标，无须固执经营，保持平常心，从单一的“我执”回到初心的“真我”。

整诗通过“行到水穷处，坐看云起时”构造意境，引导读者参与其间二次创造，一旦顿悟则仿似静谧中的霹雳，给读者一个醍醐灌顶、直达意会而不可言传的体验创新。

作为对比，复旦骆玉明教授在《诗里特别有禅》序中将此句与陆游的“山重水复疑无路，柳暗花明又一村”相较，指出后者没有禅意，仍是在一个预期目标上的执著。

回到乔布斯，从其1996年底重回苹果挽大厦将倾之后推出的一系列产品，1998年iMac、2001年iPod、2003年iTunes、2007年iPhone、2010年iPad等，最鲜明的特色就是浑然天成、色即是空的极简主义体验设计——炫酷的外观、直观的功能、直觉的操控……那么支撑其体验创新的内核是什么？

我认为他把他人生最终的禅悟表述在2005年斯坦福大学的著名演讲“Stay Hungry，Stay Foolish”中。因为自从在大学与禅结缘，他终身奉禅，辍学后去印度做过精神之旅，回来后拜日本禅师为师。《乔布斯传》第32页说他“对佛教禅宗的信奉，并不是心血来潮或年轻人的一时冲动，他投入了他特有的那种激情。”

斯坦福演讲的标题一般译为“好学若饥，谦卑若愚”，其实不妥，我认为其本意是劝诫我们始终停留在生命最初的童心状态，即禅宗《华严经》的“不忘初心，方得始终”。2013年8月，我在福州上完课后去泉州拜览了晚明大思想家李贽的故居，其著名的《童心说》开篇是：“夫童心者，真心也。若以童心为不可，是以真心为不可也。夫童心者，绝假纯真，最初一念之本心也。若失却童心，便失却真心；失却真心，便失却真人。人而非真，全不复有初矣。”

Hungry就是童真时的求知欲、好奇心。我现在看我的孩子，跟屁虫一般，一个“为什么”之后紧接着下一个，就仿佛回到了自己曾经的那个状态。Stay Hungry仿佛诠释爱因斯坦所言，兴趣是最好的老师，要永保孩子般的对探索宇宙超功利的好奇心。

什么是Foolish的傻态？2013年暑假，我与复旦管院讨论课程排期，带女儿一起去。一位认识我女儿的Jennifer老师过来送给她一个玩具，我问女儿还记得Jennifer阿姨吗，女儿瞪大眼睛，上下翻飞左右盘旋地搜索大脑，一脸茫然。我赶紧提示，就是上次在哪哪儿见过的呀，女儿显然不明白我话中的意思是让她佯作记起，于是小嘴一咧，实话实说，“记不得了。”我制止不住，出言道，“怎么能这么说呢？”Jennifer莞尔一笑，一把搂着女儿，说：“我就喜欢这样的真。”

禅宗神髓可从其DNA——慧能的《菩提偈》推导。据传五祖年迈，欲寻传人，要求弟子们写偈以显其对禅的理解。大弟子神秀当仁不让，题偈“身是菩提树，心为明镜台。时时勤拂拭，勿使惹尘埃”。即他认为人身本是佛身，心性也本来清净，只是由于执著于世俗而被尘垢所染，而要保持心的澄明就须通过坚忍不拔的修行，才能渐悟成佛。

慧能认为，这表明心里仍挂念着菩提树、明镜台，仍是执著，未达空的境界，因为菩提树、明镜台、红尘万事，其实都是我们的心所生出来的，所以心才是万事之源。如果心被外物所役，就会产生对事物的执著；反之，心自由自在，不再执著于自己所生出来的事物，人生即可解脱。于是另做一偈，“菩提本无树，明镜亦非台。本来无一物，何处惹尘埃。”

五祖评神秀“只到门前，尚未得入”，而将衣钵传给慧能，后者即为六祖。其要旨主要有以下几点。

◇ 本性是佛：即佛就在人的内心，只有意识到“本来无一物”，物由心生，才能摆脱偏执，所以不用向外觅求，自悟本性就能成佛，亦即人的本质就是发现自我并任个性自由发展，所以禅是一种自由自在的生活方式。禅宗大师铃木大拙和精神分析学家弗洛姆在其合著的《禅与心理分析》中说，禅的本质是看透人的生命本性的艺术，禅是从枷锁到自由的道路。

◇ 顿悟成佛：因为心性本来就是清净的，不必通过念经坐禅，只要在日常生活中寄禅于斯，就可能顿见机锋，立地成佛。而顿悟之后，铃木大拙说，“它将使你体验到前所未有的满足、和平、充满欢乐，生命的调子改变了。”这其实是人本学家马斯洛所描述的高峰体验的状态，也是本文表达的越过五官通感而直达意境的体验创新。

慧能的偈诗放眼皆用。例如，爱迪生三大发明之一的长效实用电灯泡 1879 年面世后，如何给它供电有两种方案，一是各组织或家庭自建发电站，一是第三方建立独立电站通往千家万户，用户按使用计量付费，后者胜出。

同样的思想在当今时代是云计算，各组织无须自建机房，因为计算、存储就如用水电、菩提一样，“本来无一物”，都是人类的基础服务，召之即来，挥之即去，何需用户费心自建去“惹尘埃”。

用禅解析乔布斯演讲中的三个故事。第一个是点与点的关系。乔从自己被抱养、辍学、旁听书法课，又在之后麦金塔机的设计中与书法混搭其间而大获成功出发，得出结论：你不可能预先把生命中的点点滴滴串在一起，唯有回顾时才会明白它们是如何串起来的，所以你得相信你现在的人生片段会在将来的某一天串起，相信使它串起的背后那些直觉、勇气、生命、因缘等东西。

这里有个东西方差异，西方重分析，东方重综合；西方重逻辑，东方重直觉，所以西方人学禅就是东西文化混搭。佛禅给了乔布斯逻辑之外的洞见事物本质的直觉力，乔说“禅学重视经验，不重视知识和逻辑。我开始注意到比意识更高的层次——直觉和顿悟”，“我跟着我的直觉和好奇心走，遇到的很多东西，此后被证明是无价之宝。”如乔布斯不信任通过市场调查决定产品，更多地依赖其个人直觉，决策前坐禅冥想，“心定之后，直觉会非常的清晰敏锐”。

第二个是成败得失。乔回忆自己因创立苹果而达到职涯巅峰，巅峰时被公司开除。最初痛苦万状，事后方觉这是最棒的事，从此名利的沉重被回归初心、从头开始的轻松所取代，自己也进入到最具创造力的阶段，而重振旗鼓的原因是自己无限热爱自己所从事的工作。结论：让一个人持续前行的唯一理由就是做自己喜欢的事，并坚信自己所为是伟大的事，哪怕挫折猛砸你头，都不要丧失信心。如果没找到激情所在，就继续找，一定会找到。

曾看过一个广告，说人生是一场旅行，可我们走得太远，以致忘了为什么出发，因为人生欲望无穷。以中国文学产品的最高成就《红楼梦》为例，其布局为开篇“好了歌”，把无穷人欲浓缩为名利色情：

世人都晓神仙好，惟有功名忘不了；古今将相在何方？荒冢一堆草没了。

世人都晓神仙好，只有金银忘不了；终朝只恨聚无多，及到多时眼闭了。

世人都晓神仙好，只有姣妻忘不了；君生日日说恩情，君死又随人去了。

世人都晓神仙好，只有儿孙忘不了；痴心父母古来多，孝顺儿孙谁见了。

故事演绎到最后红尘看破，大彻大悟。《金刚经》说，“凡所有相，都是虚妄”，即宇宙万象都不具有真实不变的本性，而我们判断宇宙万物都是从自身的知识、经验、观念、利益等出发，所以放空自己、破除我执就是摆脱世俗欲念、放弃固执立场。而这种放空往往需要被重大挫折当头棒喝才能醒悟——这正是所有成功产品的秘诀，我们做身外的任何事情，其实都是在展示自我的内心，因为产品是自我的投影，清零回归初心，才能过滤掉不必要的事情，这种初心的简单，正是极简主义的美学基础。

这里也有个东西方差异。德国社会学家韦伯将理性分为工具理性和价值理性，前者指人的行为只由追求现实功利的动机所驱使，后者强调实现目的的动机纯正和手段正确，而不管结果如何。不幸，中华民族是前者，而西方有相当的人为学术而学术，为艺术而艺术，为兴趣而兴趣而不论是否清贫。此节我将在第 11 章展开。

第三个是死亡。乔讲了自己被诊为胰腺癌而濒死之感。“记住你即将死去”是最重要的箴言，因为所有荣誉和对失败的恐惧在死亡面前都会消失。结论：死亡是生命中最好的一个发明。人生时间有限，不要将它浪费在重复他人的生活上，不要被教条束缚，最重要的是听从你直觉和心灵的指示，它们知道你想要成为什么样子，所有其他的事情都是次要的。

慧能说：“佛向性中作，莫向身外求。”一则说明最高的目标不是外在目标的完成，而是内在自我的完成，所以追随内心、成为自我就是人生的最高目标；二则禅宗破除对一切权威的崇拜，追求精神独立，强调平常心是道，顺其自然，随缘任运，坦然面对死亡，从而以自由之身获得幸福的人生体验。

这里仍有个东西方差异。中国传统文化回避死，孔子说，“未知生，焉知死”。既然死不可逃避，对死的思考就没有价值，于是中国人主要思考怎么活，考虑生命周期内的人与事的打理；而西方及禅宗以终为始，认为思考死可以倒逼生，才能把人生从内部的琐事处理拉高到寻找高于生命本身的价值。

第二组　三大创新小结

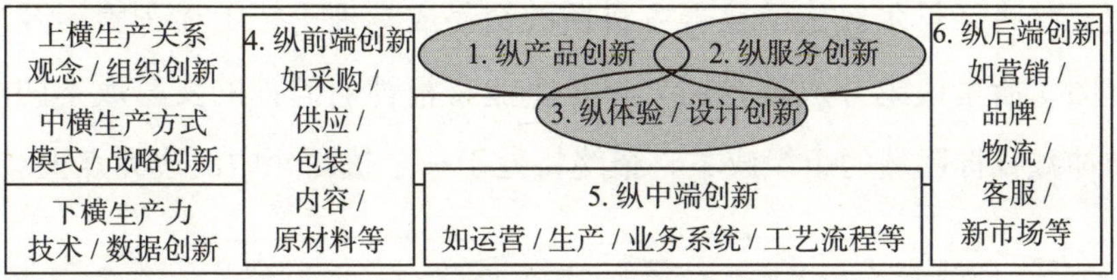

行业链三横六纵九大类创新

第二组创新——1. 纵产品创新、2. 纵服务创新、3. 纵体验创新是为客户带来直接价值，它们之间是否关联？

三者给我的感觉更像是一种理智逻辑与直觉情感、科技与人文艺术的博弈，其中产品创新似乎更靠理智端，体验创新似乎更偏情感端。

尼采曾用日神阿波罗式（Apollonian）和酒神狄奥尼索斯式（Dionysian）来描述这两种既是人类本能，又截然不同的思维方式，前者理性克制、平衡有序，像太阳一样稳定、威严；后者疯狂冲动、激情放纵，像酒神一样亢奋、野性。

历史上的创新创造好像大都先来自后者，再回到前者。不妨套用人类最伟大的发明家爱迪生的经验总结，天才 =1% 的灵感（Inspiration）+ 99% 的汗水（Perspiration），仿佛那 99% 的理性汗水只是证实或证伪那个 1% 的直觉灵感的手段方法，而那 1% 的不可触摸性又使得人类总想用理性来辨认直觉灵感的非理性。由是，是否可以结论于创新创造的最高境界，应是日神与酒神、理智与灵感的执两允中、合二为一，如下图，所谓“科技 + 人文 = 创新”？

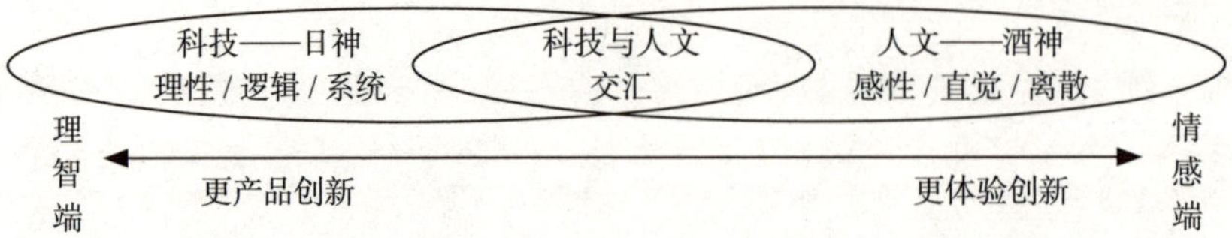

创新创造的最高境界是否是日神与酒神、理智与灵感的执两允中

触类旁通，从产品 / 服务 / 体验创新不妨上升到企业，甚至政府层面。我将诺贝尔经济学奖得主科斯的交易成本理论按上述逻辑展开如下图，所谓改革开放就是用分权及企业家精神的酒神的交易成本的增加冲减日神巨额的组织成本，最终将处于一个执两允中的边界点上。

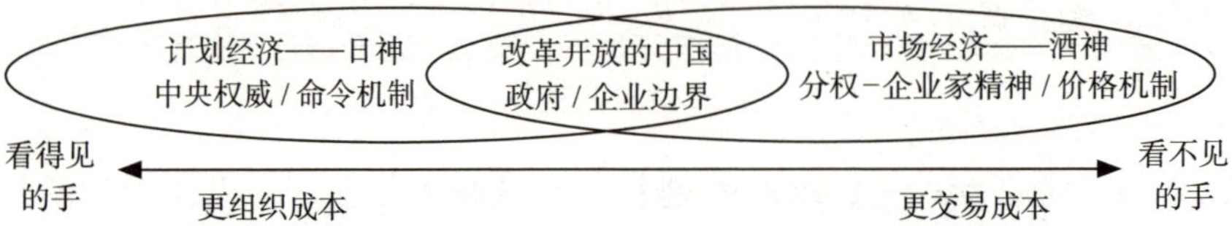

中国的改革开放是否是从日神向酒神过渡，最终边界仍是执两允中

第8章 五岳寻仙不辞远，读书万卷始通神

前端创新

——内容 / 原材料 / 供应链创新

五岳寻仙不辞远，一生好入名山游。

——（唐）李白，《庐山谣寄卢侍御虚舟》

颓笔如山未足珍，读书万卷始通神。

——（宋）苏轼，《柳氏二外甥求笔迹》

> 李白的供应链系统是单一时空下时间维度的读万卷书、空间维度的行万里路、人间维度的结交豪雄，以及异质时空的诗表赋心。以此观照电商行业及其本质的供应链创新方向，仍是单一时空下的信息流、产品流、人流的优化，甚至是另开时空格局的供应链金融创新。

我在十几所大学的商学院给 EMBA 讲授创新，有时会问这么个问题：中国的国花是什么？大多数人回答是牡丹。我说写牡丹最著名的产品应是刘禹锡的《赏牡丹》：

庭前芍药妖无格，池上芙蕖净少情。

唯有牡丹真国色，花开时节动京城。

诗中先贬芍药“妖无格”，因为芍药盛开时花朵集中在顶部，过于

张扬，不合中国文化的含蓄为美；然后再贬荷花"净少情"，净是因为荷花出淤泥而不染，濯清涟而不妖，在传统文化中象征君子人格，可它绿肥红瘦，一花独盛，凸显高大上的冷傲、伟光正的矜持，独缺人间凡俗烟火。最后，我说如果荷花都不是，牡丹您就拉倒吧，虽然它花开婀娜，姿态万千,万绿扶疏，张弛有度，但它恶心地被"花开富贵"给定位死了，富贵怎么能代表一个民族的精神品格？

菊花怎么样？有学员问道。我说陶渊明有《饮酒》诗，应是写菊第一大作：

结庐在人境，而无车马喧。
问君何能尔？心远地自偏。
采菊东篱下，悠然见南山。
山气日夕佳，飞鸟相与还。
此中有真意，欲辨已忘言。

因为这首诗，千年而下，菊花与陶渊明合二为一，成为传统文化中隐逸的象征，不过它虽然品格有托，但绝对属小众市场，代表不了先进生产力的发展要求，代表不了先进文化的前进方向，代表不了广大人民群众的根本利益。

那就是梅花了！学员们一致认为。我个人认为也是，古人说"自有渊明方有菊，若无和靖即无梅"，咏梅诗中北宋林和靖的《山园小梅》为千古绝唱：

众芳摇落独暄妍，占尽风情向小园。
疏影横斜水清浅，暗香浮动月黄昏。
霜禽欲下先偷眼，粉蝶如知合断魂。
幸有微吟可相狎，不须檀板共金樽。

当然大家记住的只是“疏影横斜水清浅，暗香浮动月黄昏”两句。上句描写水中摇曳的梅影而映射梅枝仪态的萧疏清淡；下句视觉移位嗅觉，描写黄昏初月的宁静下，淡淡的幽香如水般滋润沉浮，赋予了梅花典雅娴静的美，为梅花率先创新出大格局。

所以，如果把花作为产品，从创新创造的角度，被大众定位死了的，如菊花 = 人淡如菊、牡丹 = 花开富贵、荷花 = 出淤不染等，继续创新的空间会比较小。能不能另开格局？例如，找到前人没有发现的花并注入情感，像海中珊瑚花、荷兰郁金香、原子弹爆炸的蘑菇花等；或者前人没有写好的花并赋予其新内涵，如宋朝时对唐朝及其之前写过的梅花。

以数据支撑，据程杰《中国梅花审美文化研究》中的统计，宋朝之前的《诗经》、《先秦汉魏晋南北朝诗》、《全唐诗》以及《全唐诗补编》共有近 7 万首诗，其中咏梅诗约百余首，而《全宋诗》25 万首，咏梅暴增为 4 700 多首。唐人不以为意的梅花产品，在宋人那里脱颖而出成为新题材，这就是内容 / 原材料创新或更广阔的供应链创新。

* * * * * *

国际供应链协会提出了适于全行业的标准供应链流程参考模型 SCOR（Supply-Chain Operations Reference Model），如图 8-1 所示。

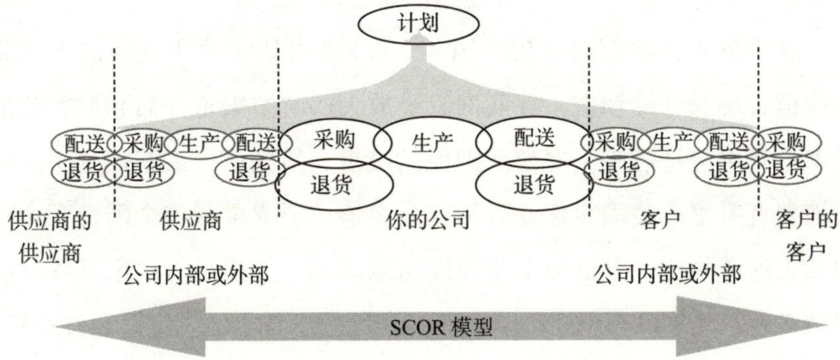

图 8-1　国际供应链协会的 SCOR 模型

为更好地操作，我将此流程截为供、产、销三段，如图 8-2 所示，分别是作为输入参数的“4 纵”前端流程，包括内容 / 原材料 / 供应管理等，本章以李白的供应链阐述；“5 纵”中端流程是企业自身的设计 / 创作 / 生产 / 制造等，下章剖析杜甫的产品创作；“6 纵”后端流程则是输出结果，是产品出厂后的营销、售后、客服等的创新，在第 10 章以白居易的整合营销创新展开。

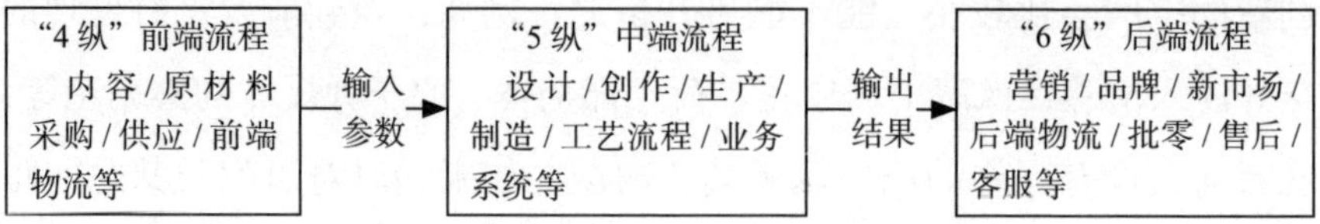

图 8-2　前中后三端流程

供应链创新的现状和特点

供应链创新我以时代代表的电子商务概述。

先看中美电商比较

美国十大电商，只有榜首的亚马逊是纯电商，其余如沃尔玛等都是传统零售企业增加电商作为渠道补充；而中国正好反之，十大电商只有苏宁是传统企业，其余都是纯电商公司。缘何？

君子务本，本立而道生。图 8-1 和 8-2 点明了零售连锁的本质是供应链管理和仓储物流，互联网只是放大的时空渠道，而仓储物流的灵魂也是供应链管理，即如何把商品最短、最经济、最有效从工厂运到消费者家里。美国零售业百年充分竞争，形成了覆盖全国乃至全球的几大连锁集团，渠道扁平化程度与电商同一，都是从厂家到零售店到消费者，几乎没有中间环节，而且全程信息技术、供应链软件掌控，同时其线下与线上价格基本相同，所以传统巨头顺势增补电商渠道或转型电商，意到笔成。

反观中国，传统流通体制割裂严重。一是地域，各省市在当地一般都有占据了黄金地段的零售国企巨头，导致异地扩张、兼并困难重重；二是渠道体系方面，多级代理制层层盘剥，物流成本居高不下；三是房地产泡沫使得商业租金持续高涨，转嫁到终端商品上，使得出厂价与零售价价差巨大。一句话，正是传统零售业的不充分竞争而导致的落后、低效、不成熟给电商崛起创造了历史性的机遇。

类比：媒体行业

2013 年中国纸质媒体行业的增长迎来了拐点，各类报刊杂志不时传来关门或合并的消息。外因是互联网的颠覆，内因是行业本身的政府管制，没有开放竞争而致发育不良。

类比：金融行业

2013 年传统金融行业遭遇猛攻，除了支付宝、余额宝类产品，P2P、小微贷、众筹等全面开花。外因是互联网的颠覆，内因是行业本身的政府管制，没有开放竞争而致发育不良。

是否可以结论：只要是没有充分竞争的行业都将遭遇互联网的重塑或颠覆

- 电信行业如微信
- 物流行业如顺丰
- 音乐行业如腾讯音乐
- 招聘行业如智联

……

再看电商在中国演进的四大模式

20 世纪 90 年代末以阿里为代表的 B2B 起步，2003 年 SARS 之后以淘宝为代表的 C2C 接棒，然后 2007 ～ 2008 年金融危机后以京东、天猫为代表的 B2C 成为电商主流，最后是 2010 年美国 Groupon 引爆团购，O2O 成为热词。

四个模式中，B2B 以外贸为主，国内 B2B 还未崛起。

C2C 虽因其运营低效、假冒伪劣横行、商家良莠不齐而非主流，但低端市场在中国存在且巨大，与之匹配的淘宝模式仍可存在且做得很大。

主流 B2C 目前有如下几类业态。

◇ 水平全品类平台，如天猫、京东、苏宁、亚马逊中国、当当、一号店等。

◇ 垂直细分领域或垂直自有品牌模式，如服饰的凡客、箱包的麦包包、女性时尚的梦芭莎、面向草根市场的移动 B2C 买卖宝、外贸 B2C 的兰亭集势等。

◇ 以唯品会、聚美优品为代表的尾货清仓或闪购特卖平台。

B2C 全球最成功的是美国亚马逊，其创始人杰夫·贝索斯目光远大，虽万千人吾往矣，常力排众议坚持自认为正确的长线事情，如投资供应链与仓储物流体系、创造云计算行业、终端 Kindle 阅读器 / Kindle Fire 平板 /3D 智能手机及内容布局等，定位自身为高技术企业。

与之类比，京东刘强东同样有股狠劲。我每年和京东负责体验、战略的朋友聊天，告知京东将自身定位为技术型营销公司 + 主营 B2C 的物流公司。刘坚韧地将融资长线布局在仓储物流、配送体系、开放平台等核心竞争力建设上，还另开格局做供应链金融，由此京东的盈利模式 = 自营电商赚买卖差价 + 开放平台的分成 + 物流服务的出租 + 供应链金融等收入，所谓四驾马车。据京东招股说明书，其中电商部分的毛利率 2011—2013 约为 5.5%、8.4%、9.8%；平台分成的利润率会更高，其占比从 2011—2013 分别为 8.9%、22.6%、23.3%。

O2O 主要是将用户从线上引导到线下，目前主要业态有以下几类。

- 以携程、去哪儿等为代表的线上订购模式、线下体验模式。
- 以美团、大众点评为代表的团购模式，其地推教育了市场。
- 扫描二维码模式。

> 类比：中美团购
>
> 美国 Groupon 是广告营销平台，帮助商家推广而非交易，其佣金率为 40% 强；中国如美团定位为中间交易渠道，佣金率 5% 左右。

- 基于位置服务 LBS，特别是百度地图、高德地图类应用。
- 微信爆发后可能会改变用户行为习惯的新一代 O2O。

最后看电商与传统零售的比较

当然，整个电商模式当前还处于高成本投入、低毛利甚至大都亏损的状态，如鞋类网站乐淘的创始人毕胜声称“电子商务是个骗局”，数字化电商成本比传统零售多出的部分，大成本有如下几类。

◇ 电商因为配送，比传统企业拥有更多的物流成本，物流费用率（物流费与总收入的比例）约为 10%；其他如亚马逊为 11.9%，当当 13%，凡客 13.5%，京东 2009—2013 年依次为 4.9%、5.6%、7.2%、7.4%、5.8%。

◇ 仓储成本 10%，电商是销售仓，传统企业是流转仓，后者是走过场，仓储即店面。

◇ 流量获取成本持续增长，能控制在 10% 已经不错了（注：电商营销有搜索引擎营销 SEO/SEM，电邮 EDM，网盟，门户网站广告，与社交、网游、支付网站的合作引流，基于顾客搜索、收藏、购买、历史订单的关联数据的精准营销和交叉营销等）。这几年该项费用大幅增长，而腾讯入股京东并将来自微信和 QQ 的流量导入，为下一轮竞争的移动电商、O2O 电商、社会化电商布下大局。

其他成本方面。服务器及机房等技术成本占比 4%；反向物流成本 3%，即客户网购后觉得不合适要退货的寄回成本；电商企业的呼叫中心成本占 1%；货到付款的代收手续费（注：中国百姓心理的不安全感使得大多选择货到付款，如此则电商企业须付快递公司 2% 商品价格的手续费）；物流包装成本 1%，即电商企业在商品之外再加一个包装给快递公司。

全部加起来，毕胜认为电商成本高于线下 20% ～ 30%，这还不算网民习惯的比价购物使得同业价格战而继续降低毛利率。

反驳者认为这只是放大了电商的成本增项，而未看到线下成本高企的部分，如场租、水电、人员（苏宁估算这三项大致占 5% ～ 6%），其他如导购培训、展台、进场费、DM 及广告费等。

总结，因电商本质是供应链，所以电商成功要素一言以蔽之，就是供应链管理不能弱于对手，同时放大网购的比较优势，亦即商品采购、仓储、供应、覆盖全国体验良好的配送体系等必须做成智能化、实时化的 IT 一体化系统；网购优势的时间维度 7×24、空间维度的长尾效应之外，须增人间维度的客户关系管理系统，即对客户的购买行为进行大数据分析，提供针对性的推荐及交叉购买等个性化服务；最后是本质之上的衍生创新——供应链金融，所以耐心打基础，规模化之后电商必定颠覆传统零售。

供应链创新方向

总之，不管传统零售连锁还是电商，其本质都是供应链管理，甚至如苏宁云商这种复合电商采用线上线下同价战略，也是围绕共享同一仓储物流与供应链体系这条核心资源线而统一采购、统一结算、统一服务，只在终端分为线下苏宁电器和线上苏宁易购两条支线，否则两个价格体系的长期存在会将其耗死。

供应链创新的大方向则是对信息流、产品流、资金流、人流的持续优化和改进，甚至重构。创新原则是强调以顾客为中心倒逼企业运营，通过企业间在价值链上的紧密合作，尽量用信息系统来缩短时空人三个维度的成本：时间维度上如生产贴近即时需求 / 实时 / 柔性生产；空间维度上如精细运营、集中可扩、降低采购 / 库存 / 物流等各环节成本；人间维度上如非核心业务外包、建立统一的终端标准等。

* * * * * *

回到唐诗，如果李白是一家企业，则其供应链系统如图 8-3 所示：同一时空下的三大要素市场——时间、空间、人间。时间维度剖析李白引用过的各类书籍信息流；空间维度解构李白漫游过的各地；人间维度分析李白交往过的关键人物；最后是异质时空的诗表赋心。最终，这些“源于生活”的供应链素材等输入参数，经过诗人的加工生产，变为“高于生活”的诗歌产品。

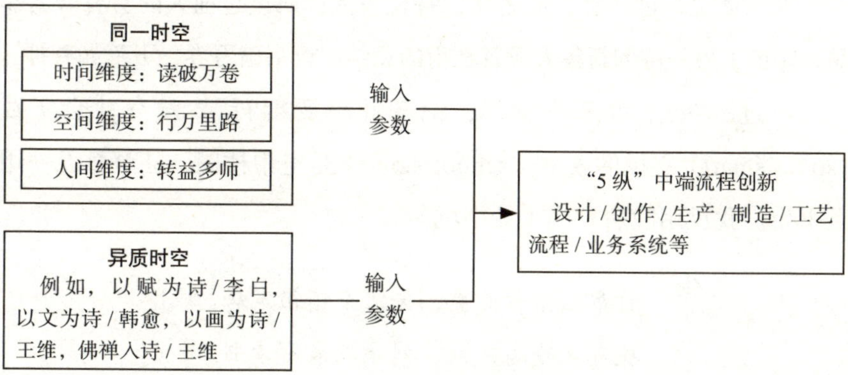

图 8-3　李白的供应链系统

时间维度，读破万卷

徐建顺在《谢朓与李白研究》第 420 页的《论李白的文学思想及其历史地位》文中，根据清代王琦集大成的《李太白全集》，对李白引用的历代诗人作品（语典）的次数有如下统计：

鲍照 133 次，谢灵运 110 次，江淹 106 次，《诗经》93 次，屈原 87 次，曹植 70 次，谢朓 62 次，陆机 60 次，张衡 52 次，《古诗十九首》47 次，陶潜 47 次，沈约 42 次，宋玉 41 次，左思 35 次，萧纲 35 次，司马相如 34 次，颜延年 31 次，潘岳 30 次，吴均 28 次，班固、扬雄、郭璞各 25 次，陈子昂 24 次，苏李诗 22 次，木华 22 次，庾信 20 次，阮籍 19 次，张协 19 次，嵇康、傅玄、王粲 14 次，曹操、江总 13 次，刘琨、谢庄 12 次、梁元帝、宋之问 11 次，王褒、枚乘、曹丕、刘桢 10 次，张华、孙绰、谢惠连、任昉 9 次，贾谊、张载、何逊、徐陵、刘孝绰 8 次，刘安、王融、谢瞻 7 次，马融、陈琳、卢思道、王勃、沈佺期、刘孝威 6 次，陆云、卢照邻、张景阳、刘铄 5 次，王逸、孔融、丘迟、王僧达、薛道衡、骆宾王、欧阳建、殷仲文、王筠、班婕妤 4 次。

换句话说，创新集大成者李白神交古人，研读过前人的所有著名作品，印证了另一位创新集大成者杜甫的总结："读书破万卷，下笔如有神"。

不过，"纸上得来终觉浅，绝知此事要躬行"，没有社会实践（street smart）支撑的读书（school smart）是空中楼阁，甚至百无一用是书生。我反用晚唐章碣《焚书坑》：

竹帛烟销帝业虚，关河空锁祖龙居。
坑灰未冷山东乱，刘项原来不读书。

不妨再看李白知行合一的实践。

空间维度，行万里路

行万里路主要指社会实践，对李白而言则专指其漫游。一来李白正儿八经在政府实践也就两年左右，终其一生几乎都是在游历中度过；二来与司马迁为写《史记》而做的社会地理考察、郦道元为写《水经注》而做的山川水道考察、徐霞客为研究地理和自然为目的的游历等不同，李白直接将漫游作为原材料供应商，是纯粹的审美实践。

手指孤云在博文《诗仙李白游历过哪些地方》中据其诗文所载统计：李白共游历过 18 个省、市、自治区，到过 206 个州县，登过 80

多座山，游览过 60 多条江河川溪和 20 多个湖潭。这些行程是在古代交通不发达和工具不先进的情况下，骑马、坐马车、行船甚至是步行过来的，行踪大致分为巴蜀、越中、皖南三个漫游圈，以及长江流域和黄河流域两条漫游线。

巴蜀圈。15 ～ 25 岁游历其间，为其日后的《蜀道难》创作打下基础。

长江线。25 岁经三峡出蜀，沿长江从上游至下游展开，如在黄鹤楼有“孤帆远影碧空尽，唯见长江天际流”；在庐山有“飞流直下三千尺，疑是银河落九天”等佳句。

越中圈。先后六七次在此漫游，在天台山如“门标赤城霞，楼栖沧岛月”；在天姥山留下“安能摧眉折腰事权贵”，在浔阳留有“安得东山谢安石，为君谈笑静胡沙”等。

黄河线。如登泰山“天门一长啸，万里清风来”；登嵩山“身骑飞龙耳生风，横河跨海与天通”；登华山“三峰却立如欲摧，翠崖丹谷高掌开”。特别是黄河，有“黄河西来决昆仑，咆哮万里触龙门”，“黄河万里触山动，盘涡毂转秦地雷”，“黄河落天走东海，万里写入胸怀间”等。

皖南圈。后半生在此。如在黄山的“丹崖夹石柱，菡萏金芙蓉”；在桃花潭的“桃花潭水深千尺，不及汪伦送我情”；在秋浦有“白发三千丈，缘愁似个长”；在宣城留下“人烟寒橘柚，秋色老梧桐”，“相看两不厌，只有敬亭山”等。

人间维度，转益多师

就是多结交当世豪雄，无所不师而无定师，博采众长。

当年孔子周游列国的最大收获，我猜应是洛阳问礼，请教国家图书馆馆长老子。我想象，碰面后老子设宴，两人推杯换盏，如图

8-4a，之后孔子先亮产品，老子指点其间，双方君子风度——我不赞同你的观点，但我尊重你说话的权利。结果各自成就对方，如孔子整合老子“无为”、“不敢为天下先”等融入中庸，而老子《道德经》则以“绝圣弃智，绝仁弃义”等辩驳孔子，最终形成中国文化的双极格局，以至于孔子追忆：吾见老子，其犹龙耶！我更遗憾，人生第一遗憾，晚生两千多年没能奔赴盛会为其端茶倒水。类比于排斥异己的原教旨主义，从两位创始人的切磋是否可以推导，中华文明最优秀的基因应是兼容并包，博采众长。

a. 孔子问礼老子

b. 李杜相逢

图 8-4

不想千年之后，火星地球再撞，李杜相逢，便胜却，人间无数。引出人生第二遗憾，这次的我晚生千年，没能赶将过去为之备马执鞭。因此，为了不留第三遗憾，人生下半场以读书、写书、教书为志的我，每年三四个月遍访全球名家大师交流切磋或至伟人故居及重大事件发生地现场考察。

744 年，做了两年左右中国首席娱乐官的李白，因醉酒为玄宗和杨贵妃即席题诗《清平乐》：

之一：云想衣裳花想容，春风拂槛露华浓。若非群玉山头见，会向瑶台月下逢。

之二：一枝红艳露凝香，云雨巫山枉断肠。借问汉宫谁得似，可怜飞燕倚新妆。

之三：名花倾国两相欢，长得君王带笑看。解释春风无限恨，沉香亭北倚槛杆。

其间使酒让当时权势冲天、连皇子都称其为兄的首席太监官高力士为其脱靴磨墨而名满天下。我赋打油诗《官至何级方入史》评曰：

官宦千秋多力士，
一脱万古始知高。
待得告老谁堪诉？
“曾被封疆弄过潮！”

高耻之入骨，指点杨贵妃“可怜飞燕倚新妆”暗指其与宠幸于汉成帝的赵飞燕之命运多桀相似，李被谗言而赐金放还离京而去，不期和铁杆粉丝的文艺青年杜甫初识于洛阳，如图 8-4b；第二年秋又与杜甫、高适共游于山东，“醉眠秋共被，携手日同行”，谈诗论文，觥筹交错，“气酣登吹台，怀古视平芜”，成为杜甫一生最美好的回忆，在世时竟然写了十几首诗追忆，如“白也诗无敌，飘然思不群”，“笔落惊风雨，诗成泣鬼神”，“清新庾开府，俊逸鲍参军”，“世人皆欲杀，吾意独怜才”等。

而谁又是影响李白最深的人？李白一生的熟人朋友约 400 多人，影响最大的前三名我总结应是年轻时期的老师赵蕤、道长司马承祯和老诗人贺知章。

赵蕤博览群书，任侠仗义，以善阴阳纵横之术闻名于世，可惜生逢盛世，加之他视富贵如浮云，玄宗多次征召都辞而不就，过着隐居生活，留下了融汇百家之说的《反经》。李白 16 岁时师从于他学习王霸纵横之术，塑造了李白兼容各家和豪侠性格于一身的个性。

725 年，25 岁的李白出蜀到了江陵，时道教宗师司马承祯正好辞别玄宗途经，李白闻讯拜谒，司马见李器宇轩昂，已十分欣赏，看过诗文后激赏李“仙风道骨，可与神游八极之表”。一个小文青，被国教第一宗师盛赞，其影响可想而知，李白终其一生对仙道用情之深，有唐无两，思想自由宏阔，绝无禁忌束缚。

742 年，李白获玄宗诏入京，时任太子宾客的老诗人贺知章得知后到酒店看他并索诗。李先拿出《乌栖曲》，贺赞道“此诗可以泣鬼神”。当再拿出《蜀道难》时，贺一读三叹，“这哪是人写的，是太白星精下凡啊”，誉李“谪仙人”，即被贬人间的天仙。成败萧何，李白的悲苦人生多少与谪仙崇拜相关。

异质时空

第 4 章技术创新中讲了李白是七古第一高手，才情飞扬跋扈，气势纵横捭阖，因为七古自由奔放、壮怀雄迈，技术的个性与人的个性完美匹配。

而李氏七古更以赋为诗，因为李白从小私心慕赋，15 岁即开始作赋，出山后的第一篇名作即是《大鹏赋》，或者说其 D N A 是赋，其实唐人早已发现其诗表赋心，评价他直承屈原的骚体，也正因为以赋入诗、以诗为赋的跨界混搭，使得其创新如探囊取物，入无人之境，打破了诗歌的一切格律束缚，随情随性，自成“李白 Style”。例如才气千古无双的《将进酒》：

君不见，黄河之水天上来，奔流到海不复回。
君不见，高堂明镜悲白发，朝如青丝暮成雪。

人生得意须尽欢，莫使金樽空对月。
天生我材必有用，千金散尽还复来。
……
……岑夫子，丹丘生……
五花马，千金裘，
呼儿将出换美酒，与尔同销万古愁。

有次给比利时联合商学院在中国的DBA上课，我顺手把诗中的"岑夫子"、"丹丘生"换成了课上活跃的学员的姓名，把诗按行酒令读出，最后全班应和，在"与尔同销万古愁"的热烈中结束。

* * * * * *

回到电商，其异质时空的创新是如京东京保贝、阿里小贷等所谓供应链金融。

其工作方式为：供应商供货给京东，正常情况下京东会在收货后的规定账期内，例如60天，通过银行付账，但如果参加了京东的供应链金融"应收账款融资"计划，京东以自己的信用及应付账款为抵押，供应商只需3～5个工作日就能从银行获得部分货款，从而缩短账期进行下一轮周转，而京东会在原有的账期时限里将资金付给银行。

换言之，京东利用自己的信用帮助供应商从银行获得资金。这一创新对供应商的价值，如果中间没有京东，它去银行融资就需要抵押，而且中小供应商还面临着贷款难的问题。对京东的价值，既可以与供应商深层捆绑，还能获得金融服务的收益。以其模仿的标杆沃尔玛为例，沃尔玛净利润的45%来自于此，京东甚至希望最终能达到70%。

* * * * * *

最后，林庚先生在《唐诗综论》第260页中提到"诗的新原质"这个概念，即一个时代的人，在那个时代环境下，都会发现一些新形式、或新内容、或新角度的描写从而产生新情感，而这些新东西集中出现在诗中时，便成为这一时代诗歌的新原质。实质就是上述供应链的内容 / 题材创新。

例如“酒”，六朝人好饮，但没有写出好的酒诗，篇首陶诗名为《饮酒》，实写采菊。直到唐代王翰的“葡萄美酒夜光杯，欲饮琵琶马上催”，王维的“劝君更尽一杯酒，西出阳关无故人”，李白的《将进酒》，杜甫的“检书烧烛短，看剑引杯长”等诸多好产品面世，酒才成为内容或题材创新。

而唐代之所以诗人辈出，正是因为题材创新最多，如此一来则宋人就英雄无用武之地了，如何走出新路，正如乔布斯“重新发明手机”，林和靖“重新发明梅花”，于是后续的创新接踵而至：

王安石：墙角数枝梅，凌寒独自开。遥知不是雪，为有暗香来。

苏轼：江头千树春欲暗，竹外一枝斜更好。

卢梅坡：梅须逊雪三分白，雪却输梅一段香。

姜夔：但怪得、竹外疏花，香冷入瑶席。

陆游：无意苦争春，一任群芳妒。零落成泥碾作尘，只有香如故。

从此梅的内涵越来越丰富，代表了士大夫无论身处何等逆境，都坚守一份独立之精神、自由之思想、不与世俗同流合污的高洁品格，前朝更是将其立为国花，并由邓丽君《梅花》传唱天下。

第9章 为人性僻耽佳句，成如容易却艰辛

中端创新

——设计 / 创作 / 生产 / 制造 / 工艺流程 / 业务系统创新

为人性僻耽佳句，语不惊人死不休。

——（唐）杜甫，《江上值水如海势聊短述》

看似寻常最奇崛，成如容易却艰辛。

——（宋）王安石，《题张司业诗》

> 农业、工业、信息文明各自的生产、制造方法与工艺流程各不相同，但设计与创作则异曲同工。本章围绕唐诗行业标准杜甫及汽车行业的“苹果”——美国特斯拉电动汽车的设计与创作互相观照，总结设计三大规律，然后介绍新型设计方法——基于大数据的设计。

“树上的鸟儿成双对，绿水青山绽笑颜……你耕田来我织布，我挑水来你浇园……”牛郎织女的田园牧歌描绘出一幅农业文明时代，家庭作为企业的男耕女织的经典运营模式；业务组合中农业之“耕”为主导，手工业之“织”为副业。

> 农业时代著名业务流程 / 要素
>
> - 中国古代四大农书
> - 本朝八字宪法：土、肥、水、种、密、保、管、工

工业文明将农业文明的副业——手工业变成了大规模生产流水线，而与之绑定的规模经济、资产集约化和科层制中央控制，成为为用户创造价值的主导范式，其规模越大，成本越低，当然品种也越少，导致了副业——范围经济的崛起，即多品种在一个范围内共享资源、均摊成本，生产适应不同层次市场需求的差异化产品。

工业文明时代的著名生产流程

- 福特大规模流水线
- 丰田精益制造
- GE 六西格玛
- 佳能单元生产

信息文明时代则是把工业文明时代的副业——范围经济发扬光大，它既吸收了工业文明成本低、效率高的的优点，又将农业文明时代的产品个性化发挥至极致，这就是所谓的低成本个性化或大规模个性化，是当今时代价值创造的主导范式。

信息文明时代的著名生产流程

- 能力成熟度模型 CMMi
- 统一过程 RUP
- 微软 MSF
- 敏捷过程 / 极限编程 XP

尽管三大文明在生产、制造、工艺、业务等环节上各有不同，但在设计、创作环节上异曲同工，本章即着力于设计、创作，其中主线以唐诗行业标准杜甫为轴，因为“李白斗酒诗百篇”，是千年不世出的基因突变，羚羊挂角，无迹可寻；而杜甫“晚节渐于诗律细”、“语不惊人死不休”，是有章可循的勤奋耕耘。复线以汽车行业的“苹果”——特斯拉电动汽车为例。

产品设计 / 创作过程

如图 9-1 所示，设计人员按照头脑中的设计模型来设计产品，而用户模型是用户通过把玩产品外观、界面、体验而在头脑中形成的对产品的认知，理想状态是设计模型、产品系统与用户模型等同。

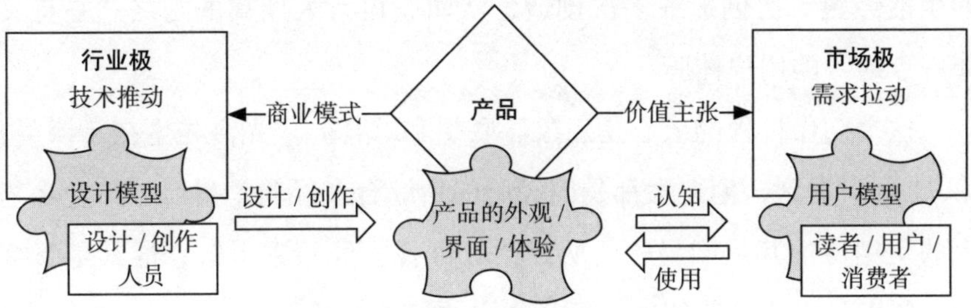

图 9-1　一般产品的设计 / 创作过程

基于此，我把诗歌产品的创作过程细化为图 9-2。

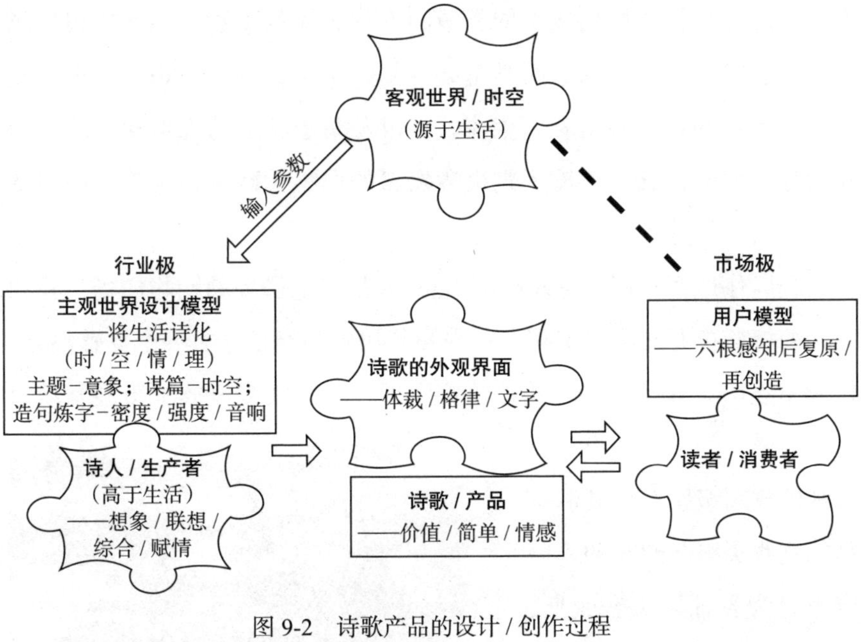

图 9-2　诗歌产品的设计 / 创作过程

其中，客观世界的输入参数进入诗人的主观世界，在主观世界将生活诗化，即通过想象、联想、综合、赋情等来提炼主题、裁减意象、谋篇布局、起承转合，最后造句炼字炼韵，创作出诗歌产品。诗歌产品的外观界面是体裁、格律、文字，消费者通过六根——眼耳鼻舌身意——来感知产品，在自己的头脑中复原意象，甚至还可能根据自己的生活经验二次创造或多次创造，从而获得诗人期冀的与之“心有灵犀一点通”的用户体验。

这个创作过程的核心是想象、联想和综合。朱光潜先生在《谈美》第 71 页中提到，创造大都是旧经验的新综合。经验是材料，综合是艺术的运用。惟其是旧经验，所以读者可各凭经验去了解；惟其是新综合，所以见出艺术的创造，每个作家的特殊心裁。

企业的产品创新与诗歌创作完全一样。盖茨认为创造力是把看似无关的事物关联起来的能力，乔布斯则认为创造力就是整合事物的能力，总之都是将领域内或不同领域间看似无关的事物、问题或想法成功地关联并整合在一起。而其基础则是源于生活的见多识广，把已经取得的各种知识、阅历和人生体验，以及基于其上的思考和关联作为新信息，而新信息的再输入则会激发新的思想关联链，于是头脑中就可能冒出新创意。

我居住地西雅图的 Bellevue Square 是当地最大的购物广场，我和其间的特斯拉专卖店员工聊天，告知其初始创意是这么一个灵感整合。作为车迷的工程师马丁·艾伯哈德发现，美国很多停放丰田混合动力汽车普锐斯的私家车道上还常常停放超级跑车，其洞察是，这些买得起跑车的人一定不是为省油才买普锐斯，而是表达环保意识。于是，能否创作一款面向有环保意识的高端人士的跑车与新能源跨界混搭的汽车？图 9-3 是其 Model S 车型。

图 9-3　女儿在西雅图特斯拉专卖店

产品设计 / 创作步骤

具体细化的创作步骤如下。

意在笔先

这一原则自魏文帝曹丕提出后历代遵循。意是立意，创作者想要表达的思想、情感、意志、哲思、抱负等，是要让读者接受并引起共鸣的东西。这个价值要素一旦确立，才能“思接千载，心游万仞”地取舍素材、增减章句。

那些最终成为伟人的创新创造者无不立意高蹈，如杜甫“窃比稷与契”，誓言“立登要路津”，胸怀“致君尧舜上，再使风俗淳”的宏大抱负；如乔布斯立意“活着就是为了改变世界，难道还有其他原因吗”？

位列 2013《财富》年度商业人物榜首的特斯拉 CEO 马斯克自述，自上大学时起就思考这个世界面临的真正问题是什么，哪些会影响到人类的未来，而非什么是最好的赚钱方式。他看好互联网、空间探索和可再生能源，于是创作了全球最大的网络支付公司 Paypal，研制可重复利用火箭作为往返地球与外太空的交通工具 Space X，以及作为天使投资人入股特斯拉并最终赶走艾伯哈德成为 CEO。

“意在笔先”或“文以意主”最终要落地为主题提炼或产品定位，即把头脑中模糊、抽象的思考清晰化、形象化。图 9-4 是产品在头脑中的演化过程，这一阶段必须要创新。

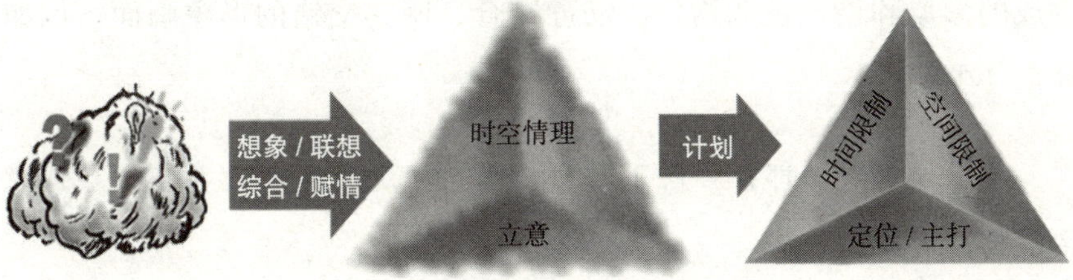

图 9-4　立意的清晰化过程

例如，特斯拉定位为面向爱好科技、有环保意识的高大上人群生产时尚豪华的电动跑车，如此则解决了传统电动车定位于低端性价比而导致的制造成本与电池续航里程的死结，因为有宽裕的成本上行空间，特斯拉增加了电池数量，将续航能力扩张到可以满足绝大多数消费者实际需求和心理需求的300多公里，并用更轻更硬的航空碳纤材质来制造车身等。

诗歌亦然。2011年年底我请时任汉王科技高管的初汉三杰之一张良的后人吃饭，闲聊说你们老祖宗在博浪沙请人投掷秦始皇的那一铁椎要是命中目标，中国历史还不知是何模样。这个创意实际上是清朝陈锡想到的：

若教博浪毙秦皇，定见扶苏帝万方。始识一椎非幸脱，天心正欲速嬴亡。

意即如果刺杀成功，那么智勇仁义的太子扶苏接位，那时万方兴隆，国祚昌盛，就不会有后来赵高与李斯合谋矫诏、胡亥继位之事，可见没有击中秦皇正是上天要加速秦亡。

意象整合

有了立意就可以裁减素材、整合意象。意象就是把外部客观世界的输入参数（源于生活）经过作者主观世界的审美提炼（高于生活）而生成的形象和谐、色调均匀、动静结合、明暗交错的形象画面。例如杜甫《少年行》：

马上谁家白面郎，临阶下马坐人床。不通姓字粗豪甚，指点银瓶索酒尝。

杜甫在拍电影：白面儿郎骑马，直到人家台前，下马穿堂入室，一屁股坐人床上，也不通名报姓，伸手指着酒瓶，张口而出“上酒！”——这些镜头的蒙太奇组合，使得一个粗野蛮横的官富二代的纨绔丑态跃然纸上。

回到产品创作，杜甫先是看到白面郎的表演，提炼主题为权贵子弟的丑行，用文字把视觉印象白描下来变成产品；读者通过文字格律这些产品界面，调动自己的感官在头脑中将它还原为电影画面，甚至还可能会根据自己的生活经验二次创造，如骑马变成了开宝马，要酒变成了指要小姐，白面郎变成了张某某李某某等。

意象组合在企业创新层面可用“面”字模型，如图 9-5 所示的特斯拉分解。

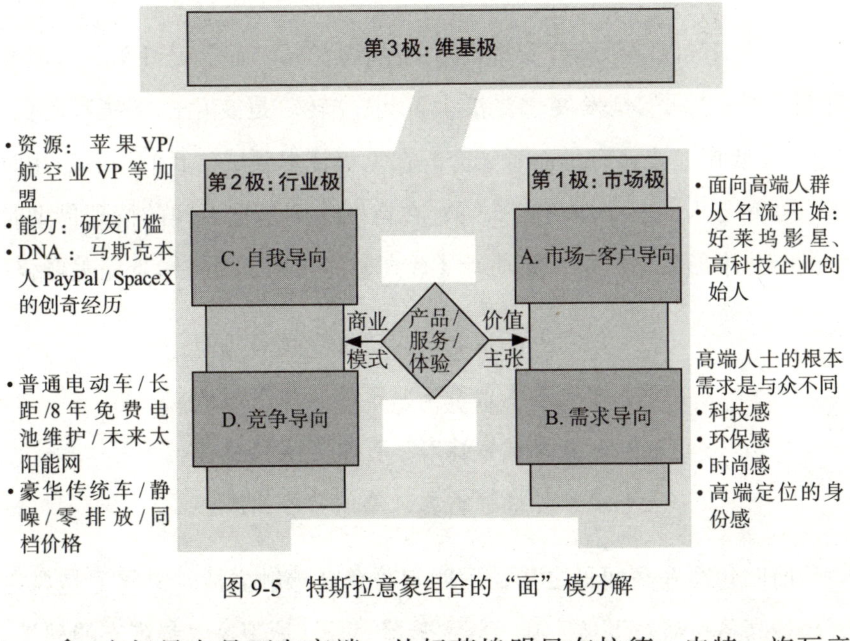

图 9-5　特斯拉意象组合的“面”模分解

◇ 市场导向是面向高端，从好莱坞明星布拉德·皮特、施瓦辛格，到科技界谷歌创始人佩奇、布林等。

◇ 需求导向是高端人士与众不同的身份感，包括全网接入、超大屏操控、App 遥控的科技感，可再生能源的环保感，宽大车身配超大轮毂和炫酷跑车线条的时尚感等。

◇ 自我导向如请苹果 VP 加盟负责体验设计，请航空业高管加盟负责车身材质，请向跑车设计公司索要设计以及 CEO 本身的传奇等。

◇ 竞争导向，一是面对普通电动车有超长行驶距离、8 年免费电池维护和更换的优势，同时计划在全美搭建用户可终身免费使用的太阳能充电网；一是面对传统豪车如奔驰 S 系、宝马 7 系、奥迪 A8，有静噪、零排放、同档价格等优势。

其他细节则是一款产品本身的谋篇布局和精打细磨。

谋篇布局

诗歌一般以起承转合安排篇章的结构层次，“起”是开头，一般要直截了当；“承”是发展，要扩大首句；“转”是变化，要跌宕起伏；“合”是收尾，要言有尽而意无穷。在工程技术领域，我们一般是用时间、空间与人间三个维度来布局；在诗歌中则是把人间的情理借助时空的变化来形象化展现，如杜诗《登高》的布局，时空情景完美融合：

(起) 风急天高猿啸哀，渚清沙白鸟飞回。

(承) 无边落木萧萧下，不尽长江滚滚来。

(转) 万里悲秋常作客，百年多病独登台。

(合) 艰难苦恨繁霜鬓，潦倒新停浊酒杯。

前四句写登高闻见之景，后四句写登高感触之情。空间上是风急天高、高猿长啸、飞鸟回旋、落木萧萧、长江滚滚这气势恢宏的秋景，一俯一仰，一山一水，视觉听觉，动静结合，但笔在景上，情寓景中，诗人苍凉、悲苦的身世流于笔端。万里悲秋、百年多病又从空间接入时间，从写景转入抒情。“万里悲秋”与“无边落木”相承，由落叶之景引起悲秋之情；“百年多病”与“不尽长江”相承，由岁月如江水逝去引起壮志难酬之感。尾联直抒胸臆：久客他乡，备尝艰难愁苦，更兼人已衰老，使得诗人心灰意冷，借酒浇愁却偏因病不能喝酒，更添烦愁。意犹未尽之处是读者的二次创造，试想，胸怀济世抱负的诗人流落至斯，直面悲秋，我们今人又感伤若何！

而特斯拉谋篇布局的最大亮点则是用互联网思维来设计工业产品，一面17英寸大屏将操作全部纳入触控，不过我把玩时会有分心于屏而不专注前方的安全忧虑。当然谷歌、微软等正在研发无人驾驶汽车，欲将现在的交通工具重新定义为家庭与办公室之外的第三空间，因为人们不用自己开车，智能系统又使得撞车等事故不会发生。看来强调引擎、安全、操控的传统汽车行业正在面临自诞生之日起百年未有之大变局，也是特斯拉未来的战略挑战。

造句炼字

魔鬼全在产品细节之中。特斯拉的设计与体验细节限于篇幅不述。诗人方面，如苦吟诗人贾岛“二句三年得，一吟双泪流”。贾岛有次骑驴思索“鸟宿池边树，僧敲月下门”是用“推”还是“敲”，结果冲撞了京兆尹韩愈，韩不怒反喜，沉思后建议用“敲”。因为月夜访友，即便门是虚掩，也应敲门而入才合常理；同时，有声的“敲”比无声的“推”更能在静寂夜空衬托出幽静的意境。

参考台湾黄永武先生的《中国诗学》，字句锤炼方法有增加密度、增加强度、音效用韵等。当然过犹不及，总体说法是“炼字不如炼句，炼句不如炼意”。

密度指有限字数所承载的信息量越大越好。后人评说，凡人作诗，一句只说得一两件事物，而杜甫一句能说三、四、五件，如“鼍吼风奔浪，鱼跳日映山”两句各写了三个事物，“绝壁过云开锦绣，疏松夹水奏笙璜”是一句四事，“旌旗日暖龙蛇动，宫殿风微燕雀高”是一句五事等。

强度指气势，所谓咫尺有万里之势。如杜甫被誉为不能增减一字的《春望》诗，其字与字之间的严密张力达到了巅峰状态，节奏急促，流速飞快：

国破山河在，城春草木深。感时花溅泪，恨别鸟惊心。
烽火连三月，家书抵万金。白头搔更短，浑欲不胜簪。

音响效果方面，中国汉字音、形、义三统一，所谓“义本于声，声即是义”，而诗歌声由情出，情在声中，除了用韵，不同的韵还会产生不同的情感，由此增强音效。古韵在唐亡后失传，经清朝训诂学家详加归纳得出古韵中的含义，诸如押侵韵表示忧伤，如上面的《春望》；而押阳韵表达欢乐，如被誉为杜甫生平第一快诗的《闻官军收河南河北》，以“忽传→初闻→却看→漫卷→即从→便下”等快闪镜头不断跳转：

剑外忽传收蓟北，初闻涕泪满衣裳！却看妻子愁何在，漫卷诗书喜欲狂。

白日放歌须纵酒，青春作伴好还乡。即从巴峡穿巫峡，便下襄阳向洛阳。

设计三大定律

总体而言，不同行业具体的设计细规不同，但总原则大道相通，即所有伟大的设计，都是在安全可靠的基石之上，在艺术美、易用性和性价比之间寻求平衡，而最好的产品都是简单易用而又同时带给人美好体验的产品。由此，我总结了设计三大定律，价值、简单和情感，试图囊括各行各业的实践。

价值定律

价值定律指产品须为用户创造价值，用户的价值定位决定产品设计，实现的核心是产品的关键功能。这个定理的本质是用户价值与自我价值的对立统一，所谓为用户创造价值就是实现自我价值，或者说实现自我价值的唯一方式是为用户创造价值。

对诗歌而言，就是诗的主题设计与意象典型匹配，然后由关键功能——一般是一两个名句来体现。因为产品本质上是自我的投影，生产者创作时把自我的人生阅历投射到了产品中；另一方面，消费者为什么购买你的产品，是因为他在这个产品中找到了他的自我，并肯定了他的自我，即产品给他创造了某种使用价值或情感价值。

价值要落地于关键功能，如 iPhone3 之前的多点触控、iPhone4 的 Siri 语音助手、iPhone5 的指纹识别、iPhone6 的逼格。诗歌方面我摘取王兆鹏等的《唐诗排行榜》前十，注意到每首诗都至少有一句关键句而流传千古，甚至对大多数人来说，他们也只记得这个关键句。

表 9-1 《唐诗排行榜》前十

名次	产品	产品的关键特色——名句
1	崔颢《黄鹤楼》	黄鹤一去不复返，白云千载空悠悠
2	王维《送元二使安西》	劝君更尽一杯酒，西出阳关无故人
3	王之涣《凉州词》	羌笛何须怨杨柳，春风不度玉门关
4	王之涣《登鹳雀楼》	欲穷千里目，更上一层楼
5	杜甫《登岳阳楼》	吴楚东南坼，乾坤日夜浮
6	柳宗元《登柳州城楼寄漳汀封连四州》	惊风乱飐芙蓉水，密雨斜侵薜荔墙
7	孟浩然《临洞庭湖赠张丞相》	坐观垂钓者，徒有羡鱼情
8	常建《题破山寺后禅院》	山光悦鸟性，潭影空人心
9	王勃《送杜少府之任蜀州》	海内存知己，天涯若比邻
10	李白《蜀道难》	一夫当关，万夫莫开

简单定律

简单定律指简单是复杂的最高境界，任何可化约为简的都是美的，所谓 Less is more。这个定理是深入与浅出的对立统一。

所谓简单，应是将产品本质用一种用户易懂的形式语言来表述。如乔布斯极简主义的实践，就是以卓越的科技支撑人文的体验，使得人们无须理解繁复的指令，感觉不到产品背后科技的复杂。

同样，唐诗产品最鲜明的特色就是语言的简单易懂却又艺术深湛。作为大众大都也只记得简单的产品，如“床前明月光，疑是地上霜”，如“春眠不觉晓，处处闻啼鸟”；或者全诗产品中的一两个名句，如岑参的“忽如一夜春风来，千树万树梨花开”。

而这种通俗又是随着事、物、场的不同而移步换景。小时候吃饭，下巴就像开了个小口，饭粒掉个不停，妈妈就嘟囔着“谁知盘中餐，粒粒皆辛苦”，把我掉在桌上的饭粒给吃掉；在美国留学，看美国同学吃饭，最后用面包把盘中的汤汤水水吸扫干净吃掉，心头一凛，又冒出这句诗来；如果不讲课，我一般每天宴请一位当世豪杰，吃不完的打包，也会唠叨这句诗话；自己的孩子吃饭下巴开口掉饭粒，因她在美国出生读书，不会唐诗，我得用英文讲解给她听。

李白对简单定律的解释是“清水出芙蓉，天然去雕饰”，他用出水的芙蓉来代表清丽绝尘，精神独立的风格，那种不假雕饰、天生丽质的风貌，自由自在地玉立在消费者面前。

情感定律

情感定律指情感主导设计，理性追随情感。任何产品都包含理性与情感两个方面，或者说每款产品都有生命的灵性，关键是洞察并唤醒她。这个定理的本质是理性与情感的对立统一。

例如，书籍作为产品，其价值是为阅读者或解决问题，或提升视野，或排遣寂寥，或震撼心灵，它应该在被人阅读时高兴，被束之高阁时难过。

又如与杜甫《登高》并列古今七律第一的崔颢《黄鹤楼》。杜诗符合一切格律规则，而崔诗前四句不完全符合平仄率和对偶要求，为什么还是七律的代表作？

昔人已乘黄鹤去，此地空余黄鹤楼。黄鹤一去不复返，白云千载空悠悠。

晴川历历汉阳树，芳草萋萋鹦鹉洲。日暮乡关何处是？烟波江上使人愁。

林庚先生解释，前四句一气呵成地连用了三个“黄鹤”，加快了律诗中由于对偶规则而放慢了的步伐，使得诗情更加奔放。另外，三个“黄鹤”又使得前四句自然地形成了一个突出的旋律，下面四句也就自然成为了飞跃，增加了飞动性和抒情性。

这首诗仿佛是律诗中的七古，律诗不完全像格律严格的律诗，而有些像自由奔放的七古，使之更为出色，成为七律之冠。其实整个唐诗的高潮就是以限制较少的绝句和完全自由的七古的自然流露的特色为基调，那奔放的语言，奔放的情操，新鲜的旋律，豪迈的抒情，构成了唐诗最鲜明的情感色调。

* * * * * *

除了上述“源于生活、高于生活”的传统产品设计与创作方法，在当今云计算、大数据、移动互联网时代，还有创新的创作方法吗？

新型创作方法——基于大数据的设计

这两年由Netflix公司自制出品，在美国及40多个国家曾排行第一的影视剧《纸牌屋》的诞生，获得了《纽约时报》、《洛杉矶时报》、《经济学人》等全球主流媒体的密集关注，被誉为人类历史上首部由数据和算法生成的制作。

成立于1999年的Netflix从邮寄DVD业务起步，到现在是美国最大的付费订阅视频网站，拥有3 000多万客户，占据每个美国家庭每天87分钟的时间，在美国网络使用高峰时段占据全网流量的33%，远高于YouTube的14.8%，BitTorrent的5.9%、苹果iTunes的3.9%、亚马逊视频的1.8%、以及Facebook的1.5%。

Netflix从最初开始就挖掘其用户的行为数据，用户只要登录网站，对选中视频的每一次点击、播放、暂停、快进、回放，看了几分钟就彻底关掉，或者停了一段时间又重启，都会成为"事件"被记录下来并汇入后台进行分析。它的用户们每天产生高达3 000多万个事件，给出400万个评分，300万次搜索请求……

当数据量足够大，它就能产生统计学上的意义，从中提取模式将会获得巨大的价值。首先可以"知其然"，利用数据提取信息，产生洞察；然后"知其所以然"，对数据缜密分析，发现因果；最后"预知其未然"，通过数据生成智慧，提前布局。

Netflix基于数据分析的最初服务是推荐用户感兴趣的电影，例如，用户登录后看了几部悬念片、动作片，Netflix据此在后台为用户加贴标签，当用户再行登录时，由网站为你推荐的获得其他用户好评的悬念片、动作片就展现出来了，为用户节约了查找片子的时间和精力成本，极大地增强了用户黏性。

在《纸牌屋》之前，Netflix曾通过数据分析牛刀小试，例如，法国电影《不要告诉任何人》在美国的票房只有600万美元，Netflix通过数据挖掘，找到了隐藏在背后的关联，于2011年决定重新播放该片，果不出其所料，播放后立即在排行榜中位居第四。

下一步则是战略定位，Netflix将追求热门、独家而非长尾作为其战略。例如2012年其投入的版权资金超过20亿美元，在其最热播的200部剧中，有113部是独家，无法从Hulu和亚马逊上看到。而随着好莱坞内容版权价格的不断提升和对稀缺内容的竞争越来越激烈，

Netflix 将自制热门影视剧作为其战略补充。

其最大的竞争对手、美国有线电视网 HBO 采用全权委任导演去制片、编剧、挑选演员。Netflix 仍是大数据挖掘，它发现，美国老百姓最喜欢看政论剧，喜欢政论剧的用户还喜欢导演 David Fincher（导过《七宗罪》、《社交网络》等片），同时他们还常看奥斯卡影帝 Kevin Spacey（《美国丽人》的男主角）的片子，即数据集合上三者之间存在正相关性。

于是，Netflix 豪赌 1 亿美元买下 1990 年已在 BBC 播出的政论剧《纸牌屋》两季 26 集的版权，请来导演 David Fincher，并请 Kevin Spacey 担纲男主角。如此算来，单集成本约 400 万美元，远高出行业标准的 150 万～200 万美元。不过，Netflix 高管透露，在拍摄之前他们就知道该片一定成功。

其实真实成本只是其一，从战略角度而言，它令 Netflix 走上了自制剧之路，开拓了上游市场，逐步降低了对日趋高涨的好莱坞版权剧的依赖；同时《纸牌屋》的成功极大地提升了 Netflix 的品牌价值——这是一个提供热门剧集的网络公司，而且还是独家，收获了超过 10% 的新增付费用户，股票也涨到了 52 周的最高点，接着又有四部自制剧在 2013 年登陆 Netflix。

举一反三，不仅产品创作或企业运营建立在数据之上，国家亦然。历史大家黄仁宇认为，整个现代商业社会的核心特征就是基于数据的运营，国家管理应该完全按照商业原则，因为商业社会具有超越国界的技术性格，表现在资金、人才以及支撑系统的交通、通信、保险、法律、会计、审计等的流通，这些流通系统一旦展开，先使整个经济系统商业化，随之变化的就是政治体制，政治关系将由自由人按契约和法律来组织。

当然，中华民族的问题，缺乏的不仅是数据，更是一种数据思维，即基于数据和事实的实证思维，因为我们的文化中没有内生出科学主义的 DNA，尽管当今个别领域如 IT 互联网、司法取证等有所改观。

第10章 文章已满行人耳，天下谁人不识君

后端创新
——营销创新等

文章已满行人耳，一度思卿一怆然。

——（唐）宣宗李忱，《吊白居易》

莫愁前路无知己，天下谁人不识君。

——（唐）高适，《别董大》

具有整合营销传播意识的白居易，如何采用当时所能采用的几乎所有的营销渠道和传播方法令他的产品路人皆知？与之相应的当今营销创新的切入矩阵如何？特别是网络营销的主流类目如何？本章兼及其他唐人的特色营销如事件营销、饥饿营销、粉丝营销、传奇营销等。

2013年11月底，中国（洛阳）信息技术博览会邀请我去演讲“移动互联网/云计算/大数据时代传统行业创新创造之思维框架”，期间，好友尚少宗安排我去了白居易故居公园，该园如图10-1所示。

图10-1 河南洛阳龙门的白居易公园

公元 846 年，75 岁的白居易卒于洛阳，唐宣宗亲赋悼诗：

缀玉联珠六十年，谁教冥路作诗仙。浮云不系名居易，造化无为字乐天。

童子解吟长恨曲，胡儿能唱琵琶篇。文章已满行人耳，一度思卿一怆然。

诗中说“文章已满行人耳”，即有人的地方就有白诗，甚至其影响最大的作品《长恨歌》和《琵琶行》连孩童和老外都能吟唱。白的好友元稹在《白氏长庆集序》中证实，“自篇章以来，未有如是流传之广者”。

相较而言，杜甫身前无名，辞世 50 年后的 813 年，因当时大名鼎鼎的元稹在墓志铭中将其推为唐诗第一，成为杜甫大名窜升的第一推力。而王维、李白虽生前有名，只不过是在文人士大夫这个仅占人口总数不足 2% 的细分市场，即使再扩大至识字的人，也小于 10%。与李杜王维等面向高端的定位不同，白定位于大众市场，语言通俗易懂，贴近百姓生活。更重要的是，白居易具有现代整合营销传播之理念并亲身实践，采用了当时所能采用的几乎所有的渠道和方法。我总结如图 10-2 所示。

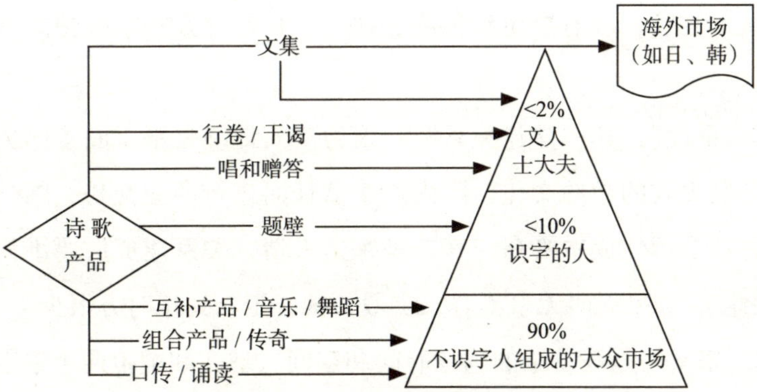

图 10-2 白居易的整合营销传播

行卷 / 干谒——意见领袖营销

行卷就是文人举子将自己最精彩的作品编好，去拜访名流权臣，干谒就是为名流权臣作诗献赋，以求赏识推举。

白居易当时在长安拜谒德高望重的文坛前辈、著作郎顾况。顾一看其名，先调侃道，“长安大米可贵着呢，居住不容易啊。”打开文集，首篇《赋得古原草送别》，“离离原上草，一岁一枯荣。野火烧不尽，春风吹又生”，顾大惊失色道“吾谓斯文遂绝，今复得子矣”，立马起身道歉“前言戏之耳”。白居易一举成名。

行卷或干谒是当时文人最重要的社交活动之一，几乎人人为之。例如，杜甫困守长安十年，频频投诗朝中达贵：驸马张垍、广文博士郑虔、首都市长鲜于仲通、边塞悍将哥舒翰、尚书左丞韦济，甚至直接拍马玄宗，过着“朝扣富儿门，暮随肥马尘。残杯与冷炙，到处潜悲辛”的生活。

这种营销方式对应于当今的 B2B 面向机构客户，因为客户方是已知对象，总体方法采用国情法，我概括为“一目标、二手段、三宗案”。

“一目标”就是摸清并搞定客户方内部 CUTE 四种角色——C 是对方内部的熟人，是营销成功的关键；U 是你的产品的使用者；T 是对方的技术主管，没有决定权但有否决权；E 是对方签字画押的高管或老总。

“二手段”，其一是建关系网，因为华人传统是基于圈子的关系文化而非欧美式的契约文化，圈内基于信任而进行商业交易，圈外交易成本特别是信任成本极高；其二是练达人情，关系建成后要维持一定的热络度，如果平时无事不登三宝殿，则必定人到用时方恨少。

“三宗案”是我总结的围绕时间和空间、现实和虚拟两个象限的三大典型案例，赖昌星式现实空间、袁世凯式现实时间及牟其中式虚拟现实技术，应能覆盖 B2B 的所有场景，有兴趣者可查《半面创新》的“营销创新”章节。

面向机构客户还有网络打法，可分为四类，分别是水平平台如阿里巴巴等，垂直平台如各行业网站等，混搭平台则既有一定的水平带宽又有一定的垂直纵深，如网盛等，以及企业专属供应链平台如思科等。

题壁——当时的面向大众市场的网络营销

将诗作题写于人流量较大的驿站行亭、风景名胜、亭台楼阁、佛寺道观等的墙壁、屏风、门窗、诗板等公共场所，便于南来北往的客流进行大众传播，类似于当今的网络 BBS 社区。

仅举驿站为例，它是当年的交通枢纽，也是政府邮局和招待所，是公文及物资转送、游客寓居、迎来送往、文人赶考、宦游谪迁的必经之地。唐人建成了以长安为中心的四通八达的官道网络，三十里一驿，全国共一千六百多驿。

例如，白诗写道，“从陕至东京，山低路渐平。风光四百里，车马十三程”，即从长安到洛阳四百里路设置了十三个驿站。洛阳演讲完后的晚宴，尚少宗特意安排在洛阳驿站博物馆，如图 10-3 所示，让我零距离触摸了历史的时空。

图 10-3　洛阳驿站博物馆

陶涛先生在《唐诗传播方式研究》中提到白居易每到驿站、寺院就自觉题壁，并在《自问行何迟》中自称“逢山辄倚棹，遇寺多题诗”。

例如，在《武关南见元九题山石榴花见寄》中对元稹写道：

往来同路不同时，前后相思两不知。行过关门三四里，榴花不见见君诗。

元稹后来在武关南驿站读后大为感动，又写了《酬乐天武关南见微之题山石榴花诗》：

比因酬赠为花时，不为君行不复知。又更几年还共到，满墙尘土两篇诗。

如今面向大众市场的网络营销则要丰富热闹得多，先举一个我采访过数次的平民快时尚品牌凡客的例子，尽管它因无序的品类扩张、品质问题及过度营销而致 2013 年底的拖欠供应商、裁员等事件，其策划的著名桥段仍有借鉴意义。

成立于 2007 年的凡客起步于模仿——模式上模仿国内第一个网上卖男士衬衫的 PPG，产品上模仿优衣库的 Bra-T、匡威的帆布鞋、ccros 的洞洞鞋等，再加上超高性价比，如 T 恤 29 元、帆布鞋 59 元，运费全免，到 2009 年实现销售收入 5 亿多元。

2010 年 7 月，由韩寒、王珞丹代言的凡客广告铺天盖地地出现在地铁、公交及网络上，如图 10-4 所示。

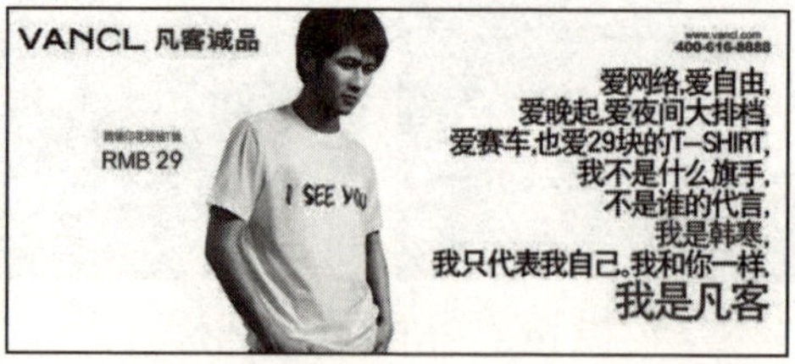

图 10-4 最初的凡客广告设计

这种“爱……，不爱……；是……，不是……；我是……”的所谓“凡客体”格式，旨在戏谑主流文化并彰显自由个性，不料引爆各路网友围观、加工及传播，一个月内，恶搞名人的大约2 000多张“凡客体”图片在微博、豆瓣社区、开心网、QQ群以及各大论坛上疯转。

第一个是郭德纲版。“爱曲艺，爱相声，爱调侃，爱民间小剧场，爱天价，也爱20几块的天桥乐；我不是什么大师，也非什么三俗，我是郭德纲，我只代表小人物。我不是主流，我是非著名”。

传播最开始是对凡客比较熟悉和关注的人，后来延展开来，超越了以往的由商家制造的单病毒形式，变成广大网民群策群力参与制作、全民娱乐的多病毒形式，声势浩大前所未有，其结果，凡客将销售额从5亿元多推至20亿元左右。

从此，成功的先验经验产生了路径依赖的历史束缚。凡客一发不收，在营销路上绝尘而去：黄晓明的挺住体、李宇春的生于1984……甚至将时任总理温家宝的图片也召之即来做广告，过度营销透支了未来，拖垮了当下。

在营销的具体落地上，2011—2012年间，我从产品经理层级开始次第往上采访，他们告知我凡客的本质是网络多渠道整合营销模式。例如，购买在UC浏览器和QQ浏览器WAP上的位置，在门户如新浪网购买旗帜广告，通过与运营商或银行合作对其客户进行短信或邮件群发，与91无线合作进行APP推广下载，与手机厂商合作内置APP，以及购买iPhone应用中的广告位置等，不一而足。

表10-1展示了当今网络营销的主流类目、典型案例、操作特征及影响。总的说来与唐诗营销异曲同工，好诗即内容是核心竞争力，当今则是创意，以创意为引，因势利导激发网民参与，再通过他们的互动、分享、传播而引爆流行。

表 10-1 主流的网络营销方法

类目	典例	操作特征及影响
百科词条	维基 / 互动 / 百度	在搜索中排名很前；先维基百科再其他，以规避知识产权问题
搜索优化 SEO	阿里巴巴	注册引擎；关键词广告；竞价排名；垂直搜索
网络视频	一个馒头引发的血案；江南 Style	有趣；发布后要在论坛 /SNS/ 博客 / 微博上提及，推拉结合
论坛 BBS	封杀王老吉	高强度互动 / 草根为主 / 实用有趣 / 口碑第一。天涯 / 爱问 / 贴吧
博客 / 网站	韩寒博文《有一个活动》	专业报纸，信息发布或观点发布。新产品 / 促销信息
新浪微博	凡客体，小米	基于弱关系的推广，适宜营销发展新用户并把弱关系变强
腾讯微信	南航、招行等公众账号	基于强关系的沟通，适宜人性化、个性化服务 / 不宜强推
广告展示	各种网络旗帜广告	条幅 / 文本 / 弹出 / 按钮 / 多媒体式，注意：骗点 / 点击作弊
电邮 / 电刊	当当、亚马逊的推广邮件	打开原因：认识发件人 / 以前打开过觉得有价值 / 标题党
游戏内置	中粮悦活饮料	利用开心网花园插件植入到花园菜地的游戏场景中
广告联盟	百度联盟、淘宝联盟	加入联盟，多站出击
网络新闻	英国百万格子网站	具有公信力 / 时效性；标题要夺眼 / 内容要给力；制造新闻
危机公关	三聚氰胺后的蒙牛	三说主义：快说 / 实说 / 全说；论坛是危机策源地；不删帖
社交网络 SNS	优衣库在人人网排队	明晰业务目标而非交流目标。推荐是关键

出版文集

文集包括由政府出版的诗集，如中书令许敬宗编辑的唐朝第一本诗集《翰林学士集》等；或由选家编定，如由唐人殷璠编选的《河岳英灵集》等；或由亲朋好友或门生故旧代编，如王维的诗集由其弟王缙编集而成；或文人自编诗集出版，如营销大师白居易。

815 年，白在被贬江州时首次为自己的诗歌编集，收诗 800 首，分为讽喻、闲适、感伤、杂律等 4 类 15 卷，对自己的文章流芳后世充满自信并赋诗道：

世间富贵应无分，身后文章合有名。莫怪气粗言语大，新排十五卷诗成。

824年，好友元稹代编《白氏长庆集》50卷，收其诗文近2 200篇。四年后，白在此基础上自编成《后集》5卷。此后，又分别在835、836、839、842和过世前一年的845年五次自编诗文集，并分藏于庐山东林寺、苏州南禅寺、东都圣善寺、洛阳香山寺等诸寺院。在自家的一套，白氏用防腐、防潮、防虫的柏木定做了一个书柜，专门摆放自己的文集，钥匙亲管，自己没有儿子，只能交给女儿留给外孙传世，并作诗为证：

破柏作书柜，柜牢柏复坚。收贮谁家集，题云白乐天。
我生业文字，自幼及老年。前后七十卷，小大三千篇。
诚知终散失，未忍遽弃捐。自开自锁闭，置在书帷前。
身是邓伯道，世无王仲宣。只应分付女，留与外孙传。

借助文集的海外营销

日本、新罗的遣唐使回国时都带回大量诗文集，如《白氏文集》70卷、《白氏长庆集》29卷都传到了日本，白是包括日本国王在内的日本文人最欢迎的中国诗人，日本类似《红楼梦》在中国地位的是《源氏物语》，它引用中国古典文学典籍185处，其中白诗多达106处。

武田信昭在《浅谈白居易对日本文学的影响》中分析为什么不是李杜而是白诗在日本成为第一的原因，一是白诗数量众多、题材广泛，便于学习借鉴；二是白诗通俗浅显，容易被外国人理解和模仿，李杜则过于阳春白雪；三是白诗内容的闲适、感伤的审美情趣和佛道思想符合日本那个时代的文化背景。

总的说来，文集在当时是面向高端识字人的大众市场。当今时代面向大众一般采用成熟市场的美国式经典 4P 营销（产品、定价、渠道、促销），以及不成熟市场如中国式的策划两大类。

美国 4P 在中国的应用，改革开放 30 多年来以渠道为最重要，因为信息不对称的优势方在企业，再加上消费者选择的有限性，美国式的以拉为主、争取最终消费者的手法转为中国式以推为主、推动经销商和终端为主的打法，亦即渠道比所谓“上帝”的消费者更重要，其主流结构如图 10-5 所示。

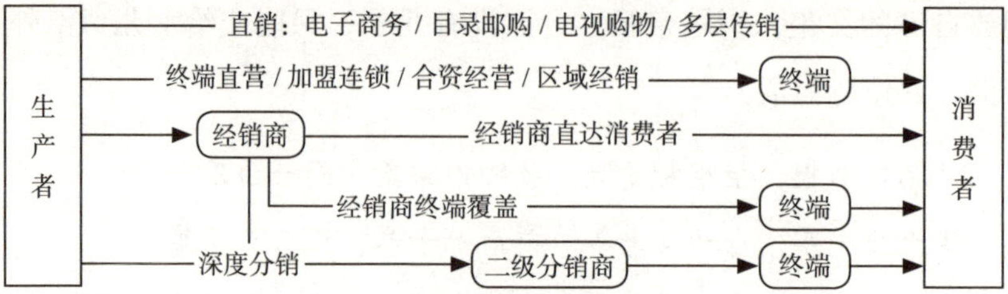

图 10-5 中国市场的渠道结构

而所谓的中国式策划，就是利用中国百姓千年以来形成的未经独立精神、自由思想熏洗的权威迷信、高端崇拜，借力主控媒体如央视或名人，当然也利用网络，打造短期媒体轰动效应，从而影响消费者形成羊群跟随，借此快速拉升销售或品牌知名度。

如名不见经传的孔府宴酒，在 1995 年以 3 079 万元代价竞得央视的第一个标王，即新闻联播前 30 秒的广告时间，以“喝孔府宴酒，做天下文章”的豪语连播一年，广告前年产值不到千万，广告后当年实现产值 9.18 亿，利润 3.8 亿，跨入全国白酒三甲。不过这些绩效居然没有投入到持续创新中，头脑热过后恶手连发，短短几年就销声匿迹。

诗与音乐 / 舞蹈——互补产品营销

诗是乐之心，乐为诗之声，为诗配乐传唱更能彰显诗中的感人情怀，如果再加上演技高超的舞蹈，则更是视听大宴，达到仅仅文字阅读所无法达到的效果，特别是唐代老百姓大都不识字，也只能通过音乐或诵读来传播，当时盛景可从旗亭画壁的故事窥见一斑。

王昌龄、高适、王之涣旗亭小酌，四歌妓伴唱，三大诗人约定以歌妓唱谁的诗最多一较诗名高下。第一个唱：

寒雨连江夜入吴，平明送客楚山孤。洛阳亲友如相问，一片冰心在玉壶。

这是王昌龄的《芙蓉楼送辛渐》，昌龄在壁上画了一票。第二个唱：

开箧泪沾臆，见君前日书。夜台今寂寞，独是子云居。

这是高适的《哭单父梁九少府》，高适壁上画了一票。第三个唱：

奉帚平明金殿开，且将团扇暂徘徊。玉颜不及寒鸦色，犹带昭阳日影来。

这是王昌龄的《长信秋词》，两票了。王之涣急了，“如果第四位唱的不是我的，我金盆洗手；如果是，你们拜我为师。”第四位小嘴一开：

黄河远上白云间，一片孤城万仞山。羌笛何须怨杨柳，春风不度玉门关。

果是王之涣的《凉州词》，三人大笑而归。

白居易擅琴，826年从苏州回洛阳，同时刘禹锡罢和州刺史返洛，两人扬州相逢，白在宴席上赋诗赠刘，并手拿筷子击盘而歌：

为我引杯添酒饮，与君把箸击盘歌。诗称国手徒为尔，命压人头不奈何。

举眼风光长寂寞，满朝官职独蹉跎。亦知合被才名折，二十三年折太多。

诗中赞美刘禹锡诗才，对他的坎坷命运深感不平。刘禹锡深为感动，回赠出名篇：

巴山楚水凄凉地，二十三年弃置身。怀旧空吟闻笛赋，到乡翻似烂柯人。

沉舟侧畔千帆过，病树前头万木春。今日听君歌一曲，暂凭杯酒长精神。

本书第 1 章提到 Apple II 电脑畅销的原因之一，就是与硬件互补的软件产品——微机史上的第一款杀手级软件 VisiCalc 在很长的时间内只能在苹果机上运行。

诗与小说 / 书法——产品组合营销

总体而言，诗是面向文人的高端产品，而大众市场更青睐故事，唐传奇就是唐代流行的文言小说，能否将诗歌与传奇混搭营销？

最终的落地有两种主要方式，一是用不同的体裁描述同一件事情。如元和元年冬，白居易、陈鸿、王质夫三人游仙游寺，其间聊起了唐玄宗与杨贵妃的爱恨情仇的故事，王质夫提议分别以诗和传奇来写，于是白居易作《长恨歌》，陈鸿作《长恨歌传》，最后二者相得益彰，在大众市场迅速传播。

其他方面，诗与书法的结合异曲同工。贺知章的书法是一代精品，贺每赋诗之后则亲笔写在纸上赠送友朋，使其诗作具备了珍贵的收藏价值。

凡客也有类似做法。2011 年 10 月，乔布斯过世，凡客策划了买凡客衬衫送《乔布斯传》的事件营销。为什么把这两件看似无关的产品组合一起？因为目标客户以 80、90 后为主，而他们正是乔迷果粉。

二是做成嵌入式系统，即在传奇中嵌入诗歌，如元稹写了传奇《莺莺传》，并在书中大量穿插诗歌以加强文采，后世被改编无数，最著名的即是《西厢记》。

唱和赠答——同行圈子营销

2015 年元月，我应中山大学岭南学院之邀在其 EMBA 新年论坛演讲，副校长和院长诗词开场，鼓励学员实现中国梦，我见状应景急就《青玉案 · 中国梦》，当然平仄未及推敲，后斟酌为 2.0 版：

问君何谓中国梦？
创大业、凭诚性，
方挫方拙方破径。
一勾落款，万赀丰盛，
纳市敲钟令。

捉鳖揽月终归竟，
心静心脱旧心镜。
千古文章谁著姓？
万息在胸，一花渡众，
自在真天命。

后来我兼职任教的新华都商学院的何志毅院长读后激赏唱和道：
《青玉案 • 和宏桥——新华都全球化》

2015 年元月 22 日于瑞士苏黎世，李克强总理接见后。

全情教育中国梦，

成大事，凭恒性。
苦尽甘来无捷径。
千军万马，枕戈待旦，
差我一声令。

大千世界难究竟，
快慢少多心如镜。
败寇成王常共性，
横眉拍案，沉舟破釜，
此去听天命。

唱和赠答是自古中国文人的风雅，也是诗歌在文人圈内传播的主要形式。如果是异地，可以托交给传递公文的邮吏，或请商旅或乡人顺带，如此则诗人的作品可以在更广的地域传播。

赵以武先生《唐代和诗的演变论略》统计，唐代之前“唱和诗”总计只有400余首，而唐代唱和诗至少2 600多首，占全唐诗48 900首的5%强，今存唱和诗数量排名前十位的诗人是：白居易180首、陆龟蒙170首、刘禹锡147首、皮日休71首、张说58首、权德舆57首、徐铉54首、元稹49首、韩愈49首、卢纶43首，合计878首，占唐代和诗的三分天下。

白居易与元稹关系最密，共同发起新乐府运动，世称“元白”，他们之间的唱和最多。如白诗《梦微之》：

晨起临风一惆怅，通川湓水断相闻。不知忆我因何事，昨夜三更梦见君。

元稹以《酬乐天频梦微之》答和：

山水万重书断绝，念君怜我梦相闻。我今因病魂颠倒，唯梦闲人不梦君。

其他创新的营销手法

事件营销

《太平广记》记载，富二代陈子昂北漂在京多年，默默无闻。当时市场上有个卖琴的，要价百万，每天都有达官贵胄围观，热议为什么这么贵。一天，子昂越众而出，说我买了！大家惊呆了，问买这么贵的玩意儿有啥用？子昂回答，我善弹奏。有好事者便问，那给我们弹一曲如何？子昂把名片发给大家，说我住这里，明天备酒专候，各位不仅要来，还请大家邀请自己认识的名人一起来。

第二天早上来了100多颇有名望的人士。子昂设宴款待，吃完饭，捧出琴，大声道，“我陈子昂有佳作几百轴，北漂到京，不为人知。这个琴，贱工之役，怎值得放在心上？”说罢操起琴，一把砸了，然后把他的文章赠给大家。一天之内，子昂名满京城。

饥饿营销

《唐才子传》写了后来成为宰相的卢藏用的故事。卢考中进士后，因急于做官，就创新出一个以退为进的办法，跑到长安旁边的终南山隐居起来。那时的风尚认为，隐居者一定是不慕名利而又有真才实学的高人，这一招果然引起朝中文武的关注，几次礼聘，卢最终千呼万唤始出来，下山做了大官。

后来著名道士司马承祯应唐睿宗之诏来长安小住，准备回其隐居的天台山时，卢去送他，指着终南山对司马说，“此中大有佳处”。司马不紧不慢地讽道，“在我看来，这里可是做官的捷径啊”。卢面有愧色。此典留下成语“终南捷径”，意指达到目的的便捷途径。

粉丝营销

岑参的诗，“每一绝笔，则人人传写，虽闾里士庶，戎夷蛮貊，莫不讽诵吟习焉。”（杜确《岑嘉州诗集序》）他的诗有一批固定的读者，专门等着他写，一写完就拿去传抄朗诵。甚至在边疆的少数民族当中，也有岑参的粉丝。

传奇营销

人类有喜欢听故事，特别是传奇故事的心理，利用故事开展营销不失为一法。如《唐才子传》关于大历十才子之首钱起的故事，天宝九年，浙江人钱起住在江苏镇江的酒店里，月夜中听到院子里有人吟诗，来来回回就是两句：“曲终人不见，江上数峰青”。钱起走出房间到院里去看，却没见人，觉得奇怪，但这两句诗却记住了。第二年赴长安科考，试题是《湘灵鼓瑟》，钱起就以这两句结尾。

主试官李暐惊为天语，认为一定是“神灵相助”，于是高分录取。钱起凭此传奇而一举成名。

作为总结，思考营销创新的切入矩阵的第一层级如表 10-2 所示。

表 10-2　思考营销创新的切入矩阵

	线下（Offline）	线上（Online）
面向机构客户（B2B）	国情法：一目标，二手段，三宗案	网络营销 B2B 矩阵
面向大众客户（B2C）	成熟市场如美国式经典 4P 不成熟市场如中国式策划	网络营销 B2C 矩阵

第三组　三大创新小结

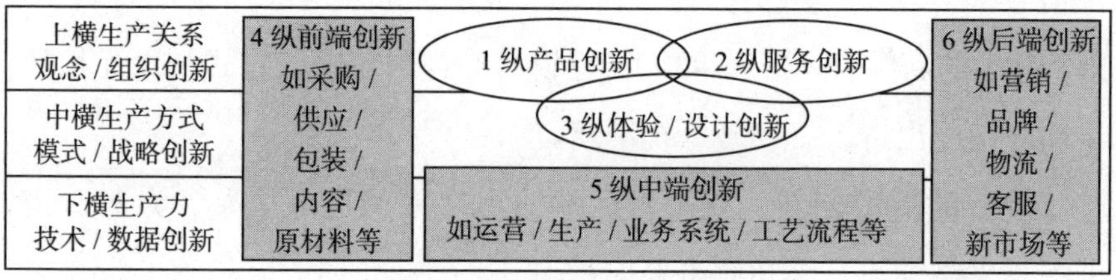

行业链三横六纵九大类创新

第三组创新——4 纵前端输入（Input)、5 纵中端处理（Processing)、6 纵后端输出（Output)，可以简称 IPO。总结不妨触类旁通从另一个维度展开，即将此三端流程引申至人类认知过程——眼耳鼻舌身是前端传感器，输入参数；经过我们的中端大脑处理信息，转化为后端行为。

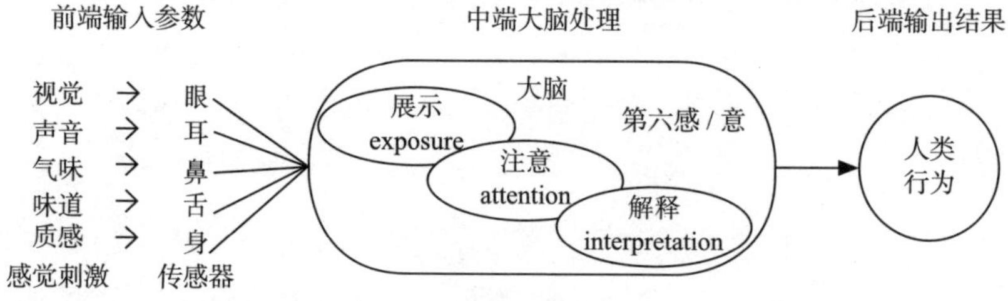

人类认知过程

贝尔森和史提纳在《人类行为》中说，“人们对感官的刺激加以挑选、组合，产生注意、记忆、理解及思考等心理活动，并给予解释，成为一种有意义和连贯的图像”。从五官传感器中输入的信息只有少量刺激被“展示”，这其中又只有更少的一部分被“注意”，然后进入意识中被“解释”，最后生成我们的行为。

由此，是否可以推断，所谓创新，就是在前端扩张输入，如读万卷书、行万里路、转益多师、观察交流，同时尽可能地感知异质时空，将这些刺激生成电位信号存储于大脑皮层。

紧接着的所谓创新，就是中端大脑的天马行空，对这些离散的电位信号举一反三、触类旁通、由此及彼、关联整合，所谓旧材料（分解析构）的新综合（格局重构），逻辑与非逻辑兼顾，定式与灵光相随，半面守正半出奇，一朝破壁统乱离。

最后的所谓创新，就是对后端输出结果的勇敢质疑、大胆试错，纸上得来终觉浅，绝知此事要躬行。

第三部分

潮平两岸阔，风正一帆悬

——创新创造总结

潮平两岸阔，风正一帆悬。

——（唐）王湾，《次北固山下》

第11章 半面守正半出奇，一朝破壁统乱离

半面守正半出奇，
半面高尚半蛮夷。
半面攘外半安内，
一朝破壁统乱离。
——周宏桥，《面壁》——半面创新体系诗解

全书总结上升到比创新方法论更高的创新原则与创新哲学层面，通过对十大诗人（企业）的横向比较，全面总结唐诗行业成功的人和——产品精神、地利——民族精神、天时——时代精神，推及我们在当代中国环境如何创新及如何避免民族潜意识等创新障碍与覆辙。

爱因斯坦曾曰，“Problems cannot be solved by the same level of thinking that created them”，即同一思维层次解决不了同一思维层次产生的问题。我把“半面创新体系”设计为道、法、术、器、例五个思维层次，如图 11-1 所示。

前文讨论别人怎么创新，主要使用下面三层。术是方法论，第二部分九章展开了创新的行业视角。器是工具层，创新实施需要使用的

流程工具，书中简要罗列了落地矩阵。例是案例层，人文与科技两套，本书主旨将人文作为平台，科技作为插件。

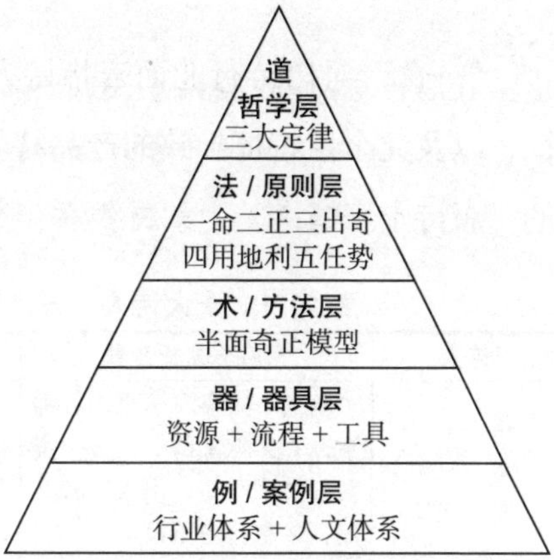

图 11-1　半面创新体系

而为解决“我如何在当代中国环境下创新或如何避免创新覆辙”这个更高层次的问题，我们不妨站在比方法论更高的思维层面上。下面对十大诗人（企业）——四杰之一的骆宾王、陈子昂、王维、李白、杜甫、岑参、韩愈、白居易、李贺、李商隐作横向比较，在道、法两个层面阐述创新体系。

道是哲学层，创新的本质规律。我抽象为三大定律：第一是时间定律——起点与终点——创新创造始于价值创造，终于熵增衰亡。第二是空间定律——高尚与野蛮——设计与实施是两个时空，须执两允中成为高尚的野蛮人。第三是人间定律——有我与无我——即一切创新创造的落地载体是产品，产品是满足需求的任何东西，产品本质是自我的投影，为客户创造价值才是实现自我价值。

法是原则层，指导原则。我把创新成功要素抽象为五大原则：“一命二正三出奇，四用地利五任势。”所谓“一命”，对个人而言是自我，对组织而言指围绕首脑形成的生产关系场，是组织的DNA，排位第一。守正出奇二三，新企业有奇要守正，老企业有正欲出奇，按奇正比例多寡排位二正三奇。一切的变化都是环境的变化，我将自然与人文环境分解为六层结构，横扫六合、知地善用第四。机遇是时间的函数，从宏观、中观、微观三个周期推演时运，在时间危局把握空间变局，藏器于身、审时任势第五。

本章以原则层为叙述线索，而将哲学层嵌入其间。

一命

“一命”对唐诗行业而言指诗人在家庭和成长背景下形成的个性特征，以及此个性特征导致的产品特征。我以南通大学文学院王志清教授的《唐诗十家精讲》为素材线索，参考维基百科词条，总结作表 11-1。

表 11-1 十大诗人“一命”及其相应的产品特征对比

诗人	家庭 / 成长背景	个性特征	产品特征
骆宾王（619—687）浙江义乌	祖父 / 父亲饱学之士。神童，7 岁咏《鹅》，10 岁丧父，贫困落拓，出入三教九流，多次科考不第	狂狷耿介，狭义血性，过于好强，凡事以张扬个性为要，只认死理，绝不随波逐流	以骈入诗，最擅长篇歌行，诗歌像是一种高度修饰的思想
陈子昂（661—702）四川射洪	富二代，17 岁才开始学习，受影响最大是先祖陈平 / 父亲，家学渊源为纵横之术，兼学儒 / 释 / 道	纵横家的特立独行，磊落奇伟的战国遗风；褊躁，气量较小，性子较急	思想巨人，总体重思想性轻艺术性
王维（701—761）山西祁县	名门望族，父亲官至司马。七八岁丧父，神童，兼学多样 / 从小随母亲拜佛，21 岁状元	气质高雅，风度出尘，多才多艺	风格雍容优雅，风流蕴藉，恬淡渊泊
李白（701—762）四川江油	富二代，良好教育，师从纵横家赵蕤 / 兼学多元，从小漫游；最喜仙道	据考胡汉混血，狂放野性，霸悍豪猛，极端自我	思想自由宏阔，风格豪放，飘逸洒脱
杜甫（712—770）河南巩县	祖父杜审言；家训奉官守儒，24/29/35 岁三试不第，35 岁父卒，无经济来源	狂傲任性，孤僻执拗，自命不凡，儒式执著，一生颠沛流离不遇而愤懑	风格沉郁顿挫，七律圣手，“诗是吾家事”
岑参（715—770）河南南阳	岑相门子，早慧，潜心学问，博览史籍，进士，两度西域从军 / 六年边塞军幕	性本好鱼鸟，平生好舒旷，即天性好奇	诗风奇峭，审美猎奇
韩愈（768—824）河南孟县	官宦世家，3 岁孤儿，兄长古文家韩会抚养，10 岁丧兄，饥寒交迫，3 次落第始中进士	个性秉直，狷介硬梗，自命不凡，争奇好胜，不安凡庸。少失父母而致躁郁孤傲	以文为诗，诗风诡怪盘硬，豪放雄奇
白居易（772—846）河南新郑	祖父 / 父亲诗人，早慧，8 岁见识战乱，少时苦读，兼学多样，23 岁父亡后缺衣少食，进士	44 岁被贬前胸怀儒家良知正义，之后佛老明哲保身，世故圆滑	以俗为美，追求平易。前期讽喻，后期闲适、感伤

（续）

诗人	家庭 / 成长背景	个性特征	产品特征
李贺（790—816）河南宜阳	因父名避讳故不能考进士，7岁成章，神童，17岁丧父，深受道教影响	才高命舛，陷入心死的绝望，疾病纠缠，惨淡经营，用力过度，27岁亡	诗风想象奇特，比拟怪异，意象瑰丽，辞采冷艳
李商隐（812—858）河南荥阳	祖/父最高县令，10岁丧父，家徒四壁，长子，抄书挣钱；进士，寄人篱下，爱情事业双失败	贫困，长相较丑，官位不高，易于感伤，内向型，深刻的失意和自卑	心象派，意象错综叠映，朦胧晦涩

可见，十大诗人的家庭背景、成长方式导致了其个性特征，而诗如其人，或曰诗歌产品是诗人人生理想的外化、寄托、变形或延伸。

举一反三，企业DNA就是围绕创始人或首脑而形成的生产关系场，其原点是企业的股权结构，它决定了硬件的治理结构和体制，体制又决定了软件的机制。机制是结构、制度等体现出来的理念，最后是机制促成了组织的观念、思维模式、意识形态和组织文化，形成了组织的DNA。

所以，组织DNA体现为一软一硬，软件曰观念，硬件曰利益。这就是我在第二部分排序九大创新时，把生产关系创新，即思想观念创新与组织（利益）创新排位第一的原因。

我们还注意到这十大诗人，无一不是多元思想、独立精神、兼容并包、转益多师。因为思想解放与观念更新是一切创新创造之源，而解放思想的唯一方法就是自由地兼收并蓄各种思想。其实一切有成就的诗人亦然，以福建省唯一入选《唐诗三百首》的陈陶为例（注：其《陇西行》入选：誓扫匈奴不顾身，五千貂锦丧胡尘。可怜无定河边骨，犹是深闺梦里人），他自号“三教布衣”，即儒释道兼收并蓄。

中国传统文化的精髓在儒释道中，见图11-2。儒家治世，修己达人，肩负人与社会的关系；道家治身，清净无为，调解人与自然的关系，强调个性对世俗的超然；佛家治心，清净解脱，打理人与超越界的关系。

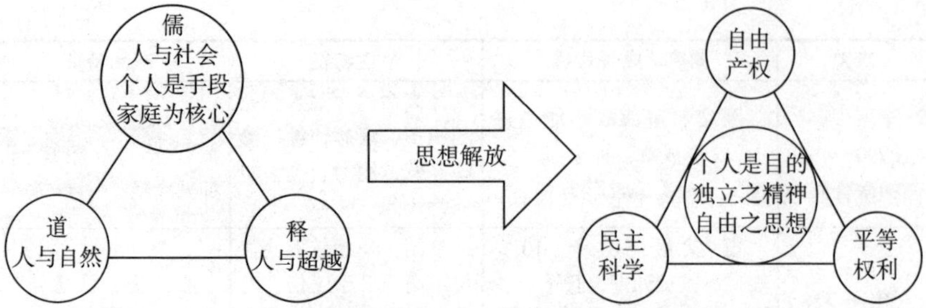

图 11-2 中国传统文化体系到自由主义的思想解放

儒家认为人生最高理想是内圣外王。内圣通过格物、致知、诚意、正心、修身做到，外王通过齐家、治国、平天下展开——所谓“为天地立心，为生民立命，为往圣继绝学，为万世开太平”。为此以自强不息、厚德载物为核心价值，穷则独善其身，达则兼济天下，追求立德、立功、立言三不朽。初唐孔颖达撰《五经正义》促成了东汉之后经学各派的统一，于是儒风较盛，墨守经文，直到时任太子李隆基批评其拘泥训诂后，从开元时转入自由说经。

道家的核心价值是道法自然，逍遥齐物。因为大道之行是“自然而然”，“得道”就是不为物役，be yourself，任由事物成为它所应是的样子，这是“无为”；一旦彻底否定了外在意志的强迫，事物就会在运动中实现自己的本性，这是“无不为”：从而实现“天地与我并生，万物与我为一”的齐物境界。盛唐时玄宗令天下道观以反映道教各派融合的《本际经》为宗，该经主张人皆可成仙，“即道是众生”，“即众生是道”，强调教徒平等，尊重个人价值。

佛教以慈悲为怀，普度众生为核心价值。它视人生即苦，而痛苦根源在于人的各种欲望，若要脱离苦海，必须通过修行灭除欲望，以求得觉悟或精神解脱。唐时佛教诸派都肯定人皆可成佛，汉传佛教的主导流派禅宗更认为人的本性是佛，“自性悟，众生即佛”，反对念经坐禅，强调顿悟成佛，这是肯定人的自我，把心性与佛性统一，强调人的本质就是自我发现和个性发展。

上述传统到鸦片战争后西方文明大举侵入而被颠覆。西方文明的主流是自由主义，如图 11-2 所示，其核心思想就是肯定个人本身就是价值，自我价值的实现本身就是目的而非手段；人生而自由，自由如同生命一样是最基本的人权，正义的第一原则就是自由优先，对自由的唯一限制是不侵害他人的权利。而产权是自由的保障，一个社会不能保护私有财产不被侵犯，则人民不可能有真正的自由。制度设计主张建立自然的市场经济，减少政府干预；因为权力必然导致腐败，所以法治社会、民主选举、权力制约、法律面前人人平等是自由的具体实现方式。

由此可以理解鸦片战争后，沿着民族复兴的主线，近现代史创新创造的大脉络。

第一阶段是以自由主义为参照系，发展分为三节。第一节认为落后原因是技术与工业，于是林则徐、魏源们师夷长技以制夷，曾国藩、左宗棠、李鸿章们洋务运动，引进西方近代工业。第二节认为落后根源在政治制度，于是康有为、梁启超、严复、孙中山们戊戌变法、君主立宪或共和，把自由主义引进并与中国比较，引发巨大激荡——一是西方个人本位，注重自由平等，而中国三纲五常，以家庭为核心；二是西方认为理性人追求利益最大化，而中国自古讲究道德观而非利益；三是西方采用进化论，强调优胜劣汰的竞争，中国则固守中庸之道。第三节认为落后根源是传统文化结构，于是胡适、陈独秀、鲁迅等受过西方教育的人领导思想解放与文化创新，打倒孔家店，提倡民主与科学。

第二阶段则是从批判自由主义而试图建立社会主义这个脉络，以苏联模式为标杆，形成了与自由主义反向的核心价值观，如强调国家本位而非个人自由本位，强调万恶之源来自私有产权制，公有制要消灭私有制等。尽管改革开放三十多年证实了并非如此，但从创新创造角度，为什么有的政策无法落地，因为观念是行为的先导，如同改革开放实施前真理的“实践标准”破除“两个凡是”的全国大讨论一样，在体制理念、思想认知没有创新解放的前提下，政策文件只能是缘木求鱼。点到为止不再展开。

总之，“一命”体现的产品精神，就是独与天地精神往来的自由意志。如李白自比管仲、鲁仲连、诸葛亮（“余亦南阳子”），希望成就一番大业（“我辈岂是蓬蒿人”），同时又不甘束缚（“安能摧眉折腰事权贵”）；杜甫“窃比稷与契”，要帮助君王“致君尧舜上”，其出发点就是追求自我价值的实现；与乔布斯的“活着就是为了改变世界”异曲同工。当此，才有自我意识的崛伸，方出才情磅礴的大作。

反证则是御用诗人，因其御用性、装饰性、依附性、软弱性，其产品特征即为：内容上歌功颂德、粉饰升平，到处莺歌燕舞，更有潺潺流水；形式上辞藻华艳，绮错婉媚，高端大气上档次，伟大光荣全正确，总体上表现为一种阿谀奉承的俳优之媚，唯独缺失个性。

例如，格律技术创新大师宋之问，仪表堂堂，诗才浩荡，进士及第后成为文学侍从，紧靠权力中心，于是宋倾力施展其谄媚人生。

射人先射马，擒贼先擒王，宋第一个谄媚的对象是武则天。宋自恃才貌双全，写诗自荐当面首，不过武听说他有口臭避而远之。然后宋转向依附武的面首张易之，代笔为他写诗讨好武则天，期间最辱斯文的是为张端尿壶，留下千古笑柄。再后，武被逼退位，张被杀，宋被贬广东，回味昔日荣华，心有不甘偷偷潜回，躲在好友家中。当时武三思权势嚣张，好友不想让大唐江山落入其手，密谋诛杀。宋得知后卖友求荣向武三思告密，导致友人被斩，宋被提拔回朝，一时间，“天下丑其行”。

然而，宋之问却在被贬期间，人性回归，留下千古佳作，如《渡汉江》：

岭外音书断，经冬复历春。近乡情更怯，不敢问来人。

总之，人性才是创新创造的原点，首先要做的是解放人性而非技术。人性也是创新创造的终点，因为创新的大方向，借用美国《独立宣言》，是人的“生命、自由和追求幸福”。

守正出奇二三

《孙子兵法》曰，“凡战者，以正合，以奇胜……奇正之变，无穷如天地，不竭如江河。”即守正与出奇是创新创造之一体两面。守正指常规套路，出奇指创新制胜。守正明修栈道，出奇暗度陈仓；守正正面牵制，出奇迂回突袭；守正守原则，出奇出灵活；守正是实力，出奇看机缘……

例如，唐诗行业的第一声啼血是陈子昂的《登幽州台歌》：

前不见古人，后不见来者，念天地之悠悠，独怆然而涕下。

这种势大力雄的气概，我有亲验，如图 11-3 所示。2013 年圣诞，我全家在美国拉斯维加斯休假，期间开车去科罗拉多大峡谷，沿路是苍凉冷寂的大荒漠，大海一般一望无垠，造化尽处方与天合，胸中陡然升起“独与天地精神往来”的豪情自负。停车拍照，荒漠远处，稀疏的灌木点缀其间，悲怆中透出昂然，心胸再次为之震阔。越驶近峡谷绿树越多，当大峡谷把它上亿年风化的历史切片一层一层向你坦裸倾诉之时，“天地悠悠”居然是可以直接触

图 11-3 《登幽州台歌》意境

碰的宇宙时空，一股巨大的舍我其谁的孤傲感熊熊燃升。

可是，此前的楚辞《远游》如是写道：

惟天地之无穷兮，哀人生之长勤。往者余弗及兮，来者吾不闻。

显然子昂思接千载，改写楚辞，可我们并没感觉到他山寨了楚辞，而是守正出奇、推陈出新。时代背景是697年契丹叛唐，子昂作为参谋随军讨逆，不料先头部队被契丹击败，主帅惊恐止步，子昂力排众议，愿押军令状领军迎敌，主帅一怒之下将之降职。在这种巨大的悲愤中，子昂登幽州台——这是战国时燕昭王筑台置金，礼聘天下豪雄并招到乐毅的时空场所。子昂满腹纵横家驰骋天下之志，平素以管仲、乐毅自居，而此时却被打压，这种失意、落寞、孤寂、愤懑的生命感伤喷涌而出。

再如民国杨启高先生在《唐代诗学》第90页“李杜比较”中说李杜如何摹雅制以定习，课精思以驭篇，终能学超古人：李白的古风出于建安曹刘与阮籍，山水诗则学谢眺，《蜀道难》《远别离》则学鲍照等；杜甫则“转益多师是汝师”，对于古代诗人无所不学，如《北征》学蔡文姬的《悲愤》,《三吏》《三别》得力于曹操的《薤灵歌》与《苦寒行》,《秦州杂诗》则从庾信的《感怀诗》等。

总之，李白最伟大的产品是古风，正是立足于自己DNA的狂放恣肆、天马行空的自由意志的产物，“守正”了楚辞的营养，整合了乐府、骚体、汉赋等各种艺术要素，才“出奇”了雄奇瑰伟、震烁古今的艺术魅力。杜甫最伟大的作品是七律，正是立足于其DNA中儒家的中规中矩、恪守格律法度，在清规戒律中展示游刃有余的非凡才华，“守正”了汉魏的浑朴古雅、六朝的藻丽韶秀而又大胆“出奇”、自创音节。如《白帝城最高楼》用虚字入诗，将第五字平仄与格律相反，颔联与尾联句尾采用三平声对三仄声等不和谐之谐，以声调和句法的拗折来书写特殊情感。

其实创新创造正如化学元素周期表，基础元素100多个，构成了天地万物，无非守正出奇的“组合”而已；或者说创新创造力就是举一反三、要素整合的能力。

一言以蔽之，转益多师、兼收并蓄是守正，再融汇出自个性自我DNA的出奇，就是创新，而自觉追随、试图传承反倒是误入山寨白虎堂。如宋朝西昆体自觉继承李商隐的心象整合，被讥为“獭祭鱼”，即獭捕鱼时一般将鱼陈列在水边，如同陈列供品祭祀一般，表示仅仅罗列意象而意义空洞的堆砌成文。又如明朝前后七子，高擎“诗必盛唐”的大旗，被后人讽为“瞎盛唐”。

我将创新创造的出奇部分抽象成“半”字模型，代表创新的五大切入维度的思考框架，本书诠释了其中之一的行业链维度，而守正部分则抽象成“面”字模型，代表常态创造的思维格局，如图11-4所示。守正与出奇是创新创造之一体两面，故命名为“半面创新”，体现“半面守正半出奇”的扬弃原则，而非全盘否定一刀切的“全面创新”。

四用地利

法国作家巴尔扎克曾言，“天才是人类的病态，就像珍珠是贝类的病态一样”。有人用精神病理学的研究方法研究了近代300位著名人物，结论是：有明显精神病特征的在政治家中占17%，思想家中占26%，画家中占37%，诗人作家占比最大，46%。

回到才气千古无双的李白，其生性霸悍豪猛、狂放不羁，极端以自我为中心，笑傲规则礼法，一生四海为家，没有故乡的眷念和对家庭的观念，是中国文化中的基因突变，其独特个性应是特殊的血缘、地域文化与早期教育造就。

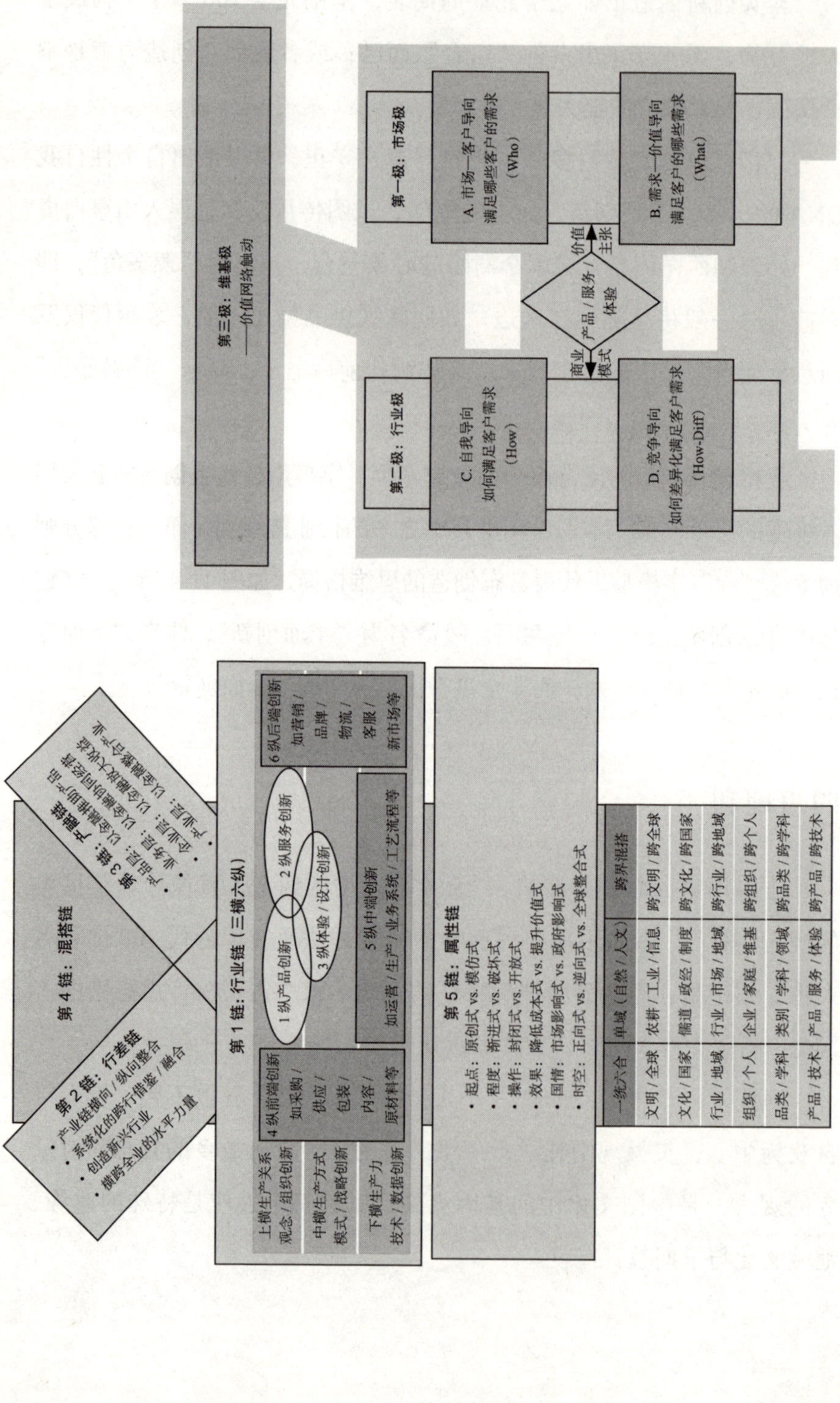

图 11-4 半面守正半出奇

首先李白生于安西四镇的碎叶（今属吉尔吉斯斯坦），陈寅恪考证李是华夷混血，包括其长相的“眸子迥然，哆如饿虎”，习性如为亡友剔骨而葬，为子女起名“颇黎”、“明月奴”，能作答番书，诗文中从未用过“蛮”、“番”等，特别是终生流奔，没有中华文明的核心价值观——家庭本位。家庭观在民国新文化运动时，为三大主义抨之：自由主义学者傅斯年认为，一切的善都是从个性生发出来，而中国的家庭是破坏个性的最大势力；马克思主义者李大钊则声称，“中国现在社会的万恶之源都在家族制度”；新儒家熊十力也认为“家庭为万恶之源、衰微之本”。

其次是李白成长的巴蜀，一则远离中原，宗法束缚相对淡漠，所以历来民风强悍，反抗意识强烈，所谓“天下未乱蜀先乱，天下已治蜀后治”；二是其居住 20 年的江油是多民族杂居区，深受南蛮文化影响。

最后是李白 16 岁开始师从纵横家赵蕤，深受纵横说及道家影响，其思维模式中的重然诺轻生死、尚才使能、豪饮好剑、危言耸听、放纵享乐、醉生梦死等都与此有关。

总之，李白是中国历史上知识人中最特立独行、最以自我为中心的人——苏州大学罗时进教授在其《唐诗演进论》54 页中统计，李白诗中出现的“我”字共 568 个。哈佛大学教授宇文所安在《盛唐诗》第 161 页中这么写道：“他只写一个巨大的‘我’——我怎么样，我像什么，我说什么和做什么，他对外部世界几乎全不注意。”

我们在为中华民族诞生有李白而自豪的同时，不妨换一个问法，为什么他是一个统计异类，或曰华夏大地为什么缺少李白这类特立独行的人？要知道，即使在思想开明开放的唐朝，李白也招人唾弃到“世人皆曰杀”的地步（杜甫怀念李白的《不见》）。其实天才就是具备凡人所没有的思维方式或行为方式的人，一个不能宽容特立独行的民族和社会，怎么能够产生伟大的创新？

跳出三界外，不妨从另一个视角——西方文明的角度审视，我参考历史大家黄仁宇先生的《中国大历史》、许倬云先生的《万古江河》以及四川大学文学院院长曹顺庆教授的《中西比较诗学》，由此推导出中华民族的集体潜意识，给我们未来的创新创造规避障碍。

民以食为天，文明形成和发展首先是以生产发展为基础，同时以剩余的财富作为前提，然后才出现了权贵、等级、制度的分化，以及文学艺术的产生，当然还需考虑环境的变化。

中华文明最初是仰韶文明，发源于关中平原和黄河中下游平原。这里气候湿润，适于农业，因为农业靠降雨，其要求的最低年降水量是 400 毫米，这条等降水线如图 11-5a 所示，长城正好处在这个农耕与游牧文明的交汇线。于是，一个自给自足、以内陆农业主导的经济形态，从夏商周一直延续到清末数千年。

我实地去了西方文明源起的古希腊—罗马沿线，其诞生于爱琴海周边，如图 11-5b 所示，这里岛礁星罗棋布，山峦高低起伏，可耕土地受限，农业无法大规模展开，只能发展海上贸易，促进了这里航海、商贸和手工业的发达，有点像宁波、温州、闽南、潮汕七山二水一分田的环境，迫使当地人闯荡江湖的企业家精神，而商品经济的发展促成了城市为中心的商业气质。

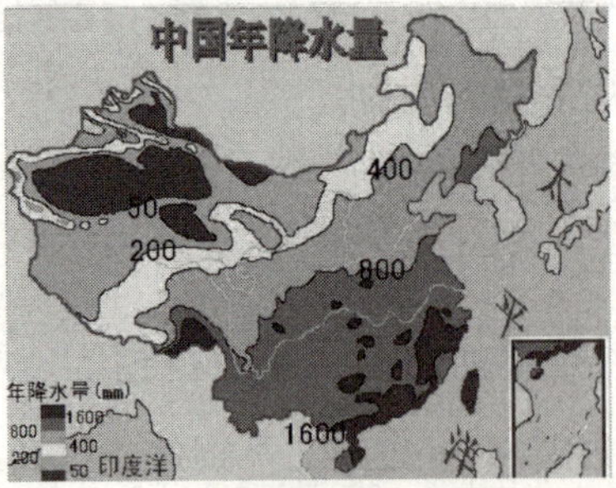

a. 中国 400 毫米等降水线

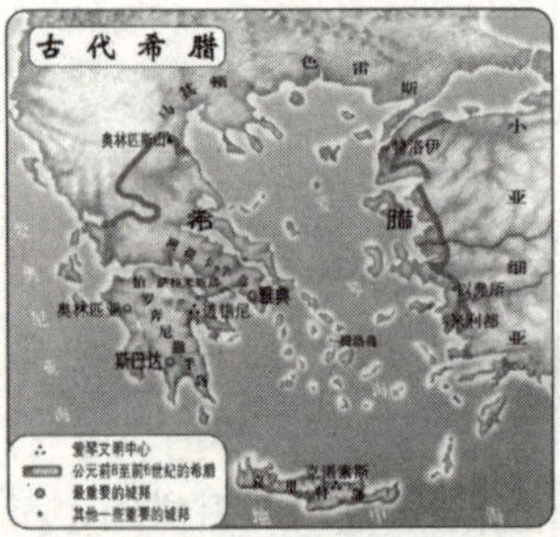

b. 古代希腊地理

图 11-5　东西方文明起源的地域比较

农业文明在沃野千里的地利基础上，只要天时的风调雨顺，人和的日出而作、日落而息的勤劳勇敢，其结果就是现实可预期的“产品型社会”，造成了我们民族安于本分的保守，很少闯荡的冒险，日复一日的不变生活导致眼界狭小等所谓的“内陆气质”。而西方这种问大海要财富、有一搭没一搭的“项目型社会”，其人生阅历的冒险、奇遇，商业交互中的尔虞我诈和掠夺，形成了敢于冒险、开放进取的“海洋气质”。

经济基础千年而下，决定了不同的上层建筑。“海洋气质”的商业社会使得工商集团崛起，经济力量的发展使得其政治力量发展，最终城邦民主制度建立。它又反哺工商社会，使得这种社会下的人崇尚个性发展、个人冒险、个人奋斗，以及个人对财富、爱情、享乐、自由、平等的追求等。而“内陆气质”的农业社会，导致了基于血缘的家族制度的建立，而国又是以家为细胞，最后官僚体系和专制极权制度就这么形成了。它又反哺农业社会，于是宗法社会“稳定”压倒一切，强调尊卑等级、家族和谐、国家统一，社会安定，强调个人的克己复礼、乐天安命，反对个性自由和特立独行。

总之，中华民族这种个人价值依赖于宗法网络中的人脉而非个性、才华、创新、冒险的关系文化，只追求现实现世的短线物质利益而轻视长远精神价值的功利文化，猥琐于暂时做稳了奴隶和欲做奴隶而不得的顺化人格之上的权力与表忠文化，形成了对创新创造最大杀伤力的民族集体潜意识。

换言之，中国是世俗社会，没有西方或犹太那样超越世俗的宗教传统，于是工具理性——人的自然本能及追名逐利的原始动机就成了中国社会的最大特征，只执迷于现实现世的物质利益，不认为精神有价，而且有超越世俗、比物质更崇高的独立价值，即所谓的为科学而科学、为艺术而艺术的价值理性，表征出来的民族集体潜意识一言以蔽之，就是缺乏高贵的独立之精神，自由之思想，而当一元意识形态被思想解放后，在全球化、市场化的汹涌巨浪下，全民逐利。

地域文化滋润着产品。回到诗歌，仓廪实而知礼节，酒的诞生一定是因为食物的富余，文学的诞生大概是因为酒的富余而引发的情感宣泄。西方文学发祥于《荷马史诗》，光怪陆离的人生阅历产生了惊涛骇浪般的叙事主导的浪漫主义文学传统，既主张文学如日神一般的理性的模拟现实，又提倡如酒神一般宣泄情感。中国文学的发源是《诗经》，日复一日的劳作使得太阳底下没有新鲜事，有的是人与自然的天人合一，人与人之间的天伦之乐，于是走上了感物抒情、以人间生活为主的现实主义传统，既要“诗以言志”，又要“乐而不淫，哀而不伤”，情感要含蓄敦厚。

其他地利方面，我在半面创新体系中，将地利水平分解为单领域的自然地理和社会人文，以及跨界混搭两大板块，垂直分解为六个层级，如表 11-2 所示。表中只把影响唐诗行业的地利要素罗列举，就不一一解释了。

表 11-2 影响唐诗行业的地利

六个层级	单域环境	跨界混搭
1. 文明 / 全球	• 农耕→工业→信息；中西文明	• 跨文明混搭：印度文明进入中国
2. 文化 / 国家	• 文化环境 • 国家政经环境	• 跨文化混搭：儒释道并存；华夷混血 • 国家：科举制向各阶层开放，政府向外籍开放
3. 行业—市场 / 地域 / 民族	• 行业—市场环境 • 地域环境：南方清越 / 北方贞刚 • 民族环境：胡夷彪悍 / 华汉仁和	• 跨地域混搭：南北文风混搭；八方举子汇长安的交流 • 跨行业混搭：美术行业吴道子；佛禅行业大照、神会；道教行业司马承祯；书法行业柳公权、张旭；音乐行业李龟年等
4. 组织 / 社团 / 家庭 / 个人	• 组织环境：玄宗前期 / 后期 • 家庭环境：李白崇道 / 杜甫崇儒 • 个人是自我的组织	• 跨个人混搭：如陈陶“三教布衣”，白居易“上遵周孔训，旁鉴老庄言” • 兴趣团体：如仙宗十友、文章四友等
5. 品类 / 领域 / 流派 / 题材	• 流派：如山水田园、边塞 • 题材：如咏物、友谊、登临、怀古、唱酬等	• 跨品类：如佛禅诗
6. 技术 / 产品 / 服务 / 体验	• 各种唐诗产品 • 各种技术：如七律，赋，散文	• 跨技术：以赋为诗、以文为诗、以画为诗等

五任势

魏源在《圣武记》中说："小天时决利钝，大天时决兴亡。"从创新创造角度，我将天时一分为三，所谓宏观、中观、微观，宏观指经济周期或思想变革周期，中观指行业周期，微观指产品周期或企业周期。

微观层面

微观方面，看个体的产品创作。

张若虚一辈子一款产品笑傲江湖，闻一多先生誉为"以孤篇压倒全唐"的《春江花月夜》；崔颢亦然，《黄鹤楼》"古今七律第一"。我画出其产品曲线示意如图 11-6 所示。

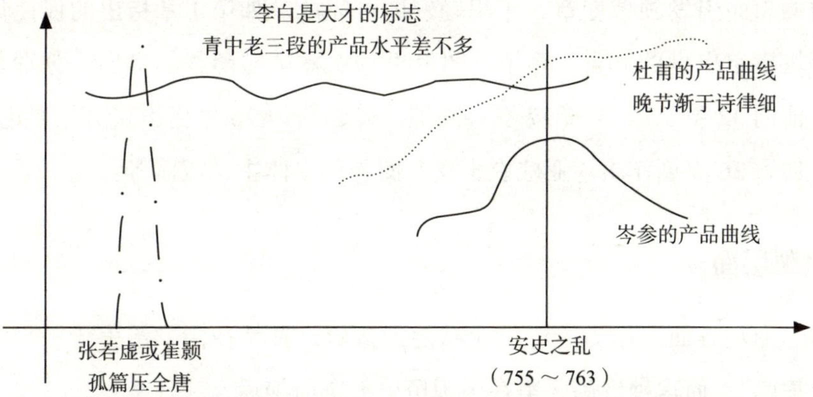

图 11-6　张若虚 / 崔颢 / 岑参 / 李白 / 杜甫等的产品曲线

岑参早年的诗歌，风格清新，但骨力不突出；晚年入川后，哀婉居多，悲而不壮；唯独两次从军西北，成为其一生的最大财富，诗风一举而豪壮瑰奇。在其存诗 382 首之中，边塞诗 68 首，占 17.8%，成为边塞诗人的代表。

天才李白的产品曲线几乎可以平直地画出，即年轻、中年和晚年的水平差不多，盛唐的浪漫仿佛是为李白的演出而作的背景铺陈；以

755—763 年的安史之乱划界，浪漫主义到此基本结束，李白狂放雄浑的表演也到此收场；而安史之乱更像是为大师杜甫的登场而搭建历史舞台，不断的人生磨难，再加上其沉郁顿挫的个性，正好与战争的穷愁乱离的气格吻合，于是国家不幸诗家幸，赋到沧桑句便工。

美国经济史专家大卫·格兰森在其 *Old Masters and Young Geniuses: The Two Life Cycles of Artistic Creativity* 中，对实践型的年长大师和概念型的年轻天才做了对比分析，结论：虽然都是创新者，大师终身在“寻找 /seek”，通过实践把事情执著于尽善尽美，如杜甫；而天才重在“发现 /find”，依靠直觉、灵感和超凡想象力，如李白。

大师的成功之道在于大量实践，并在实践中总结经验教训，所以当他们事业有成时，年龄也不饶人了；而天才是通过直觉提出概念性的构想而引发领域变革，年纪轻轻即可完成。如第 1 章指出的促使计算机横空出世的邱奇 λ 算子、图灵机、克林递归函数的提出，分别是在他们 32 岁、24 岁和 27 岁；同理，爱因斯坦 26 岁提出狭义相对论，毕加索 26 岁创作出《亚威农少女》而开创立体主义流派等。

中观层面

中观方面，作为唐诗行业高潮的盛唐，其特征为“笔力雄壮、气象浑厚”，而这种崇高之美在中国历史上空前绝后，为什么？

首开其端的是雄才大略的太宗李世民，《全唐诗》开篇有其《帝京篇》序，分析了秦皇汉武功败垂成的原因，结论是舍弃平实素朴而追求奢华艳丽，使人纵欲而乱了人间正道。

于是太宗身体力行，“一朝辞此地，四海遂为家”，“昔乘匹马去，今驱万乘来”，“百蛮奉遐赆，万国朝未央”，以质朴宏放、雅正贞刚的时代精神来开创有唐一代诗风。

然后就是朝野内外共同努力，而贡献最大者，韩愈认为“国朝盛文章，子昂始高蹈”，元好问在《论诗绝句》中也推为陈子昂：沈宋横驰翰墨场，风流初不废齐梁。论功若准平吴例，合著黄金铸子昂。

从开国至安史之乱的 138 年间（618—755），大唐历经三个明主，即太宗时代，从掌权的武德开始，加上贞观 23 年，共 32 年（618—649）；武则天时代，从 660 年正式决事到 705 年逊位，如果再从 655 年立为皇后算起，则是当权 51 年；玄宗时代，开元、天宝，从 713—755 共 43 年：三个时代共 126 年。随着国势的蒸蒸日上，风骨雄浑终于成为时代精神的主旋。

时代精神最鲜明的烙印是边塞诗，它在唐之前较少，安史之乱后势微而渐隐入历史深处。在我看来，它仿佛是安土重迁的中华农业文明学会了四海为家的西方海洋文明式的生命冒险，身处华夏一统、疆域辽阔的土地上油然而生的自豪与崇高感，如图 11-7 所示，它并非战争颂歌，因为盛唐反倒是边塞上最为和平的时期，它是类似一种豪情万丈的边防军歌。

图 11-7　边塞诗仿佛东西文化交合

这个我有体会。1987 年大一放暑假，我们这一年级奔赴河北正定军训一个月。每天，烈日炎炎似火烧，饥肠辘辘背贴腰，训练中最期盼的事情是结束训练、饭堂吃饭。训练完毕后，踹着老胳膊老腿，正步、口令直扑饭堂。到了门口还不能进，先唱首军歌，什么“钢铁的部队、钢铁的英雄、钢铁的意志、钢铁的心”，本来肚里还剩几滴油水，给钢铁一刮，腾出至少一个馒头的身位。饿恍惚了，记起了小时候的歌谣，什么“一铲能铲千层岭，一担能挑两座山。一炮能翻万丈崖，一钻能通九道弯。”遥想边塞诗的人情、风骨、美感、文化，我们五岳倒为轻，喝喊以为豪。

宏观层面

宏观天时方面，唐诗行业应该是中华民族历史上唯一绵延三四百年的“发现个人”的思想解放运动的结果。

引用历史大家余英时先生《综述中国思想史上的四次突破》。突破前的状态，在夏商周三代的礼乐秩序中，“巫”的影响最大，它是“天道”的垄断者，只有他们才能知“天命”。

第一次是哲学的突破，即春秋战国时期诸子百家兴起。随着周王室衰微、礼崩乐坏进入了春秋战国，诸子无论哪一派都不承认“巫”有独霸天人交流或神人交流的权威，他们各自用自己的学说取代了“神”学。

韦伯对于古代四大文明——希腊、希伯来、印度和中国的比较研究，指出了在公元前1 000年之内，这四大文明恰好都经历了一场精神觉醒的运动，思想家开始以个人的身份登上了历史舞台。雅斯贝尔斯在《历史的起源与目标》中则定义了“轴心时代”，即在北纬30度上下，在公元前800年至前200年间，尤其是前600年至前300年间，四大文明都出现了开宗立派的大宗师——古希腊有苏格拉底、柏拉图、亚里士多德，希伯来有犹太教先知，古印度的释迦牟尼，中国的孔子、老子，他们提出的思想对原始文化做了突破性创新，突破的类型奠定了今天西方、伊斯兰、印度、中国不同的文化形态。而那些没有产生创新突破的古文明，如埃及、玛雅等都难逃灭绝的命运。

第二次突破是个体自由与群体秩序，或曰自然与名教之争，以“情”与“礼”之争的面目出现在汉末，一直延续到魏晋南北朝，即3世纪至6世纪，共延续数百年。另外，此期印度佛教进入中国并对中国文化产生影响。

彼时，统一了400年的汉帝国开始分裂，与之相维系的儒教信仰也随之动摇，地方豪族发展壮大，世袭贵族阶层形成，客、门生、义附、部曲等依附在贵族庇护之下，脱离了国家和法律的直接管制。同时，士大夫成为社会精英群体，士的个体自觉成为普遍新风，它不仅在思想上转向老庄，而且扩张到精神领域的一切方面，文学、音乐、山水欣赏都成了内心自由的投射对象。个体自觉解放了“士”的个性，使他们不肯压抑自发的情感，遵守不合情理的世俗规范，周孔“名教”受到老庄“自然”的挑战。

而这持续三四百年的第二次突破，直接成就了唐诗行业，即思想解放→观念更新→个性崛张→心游万仞，思想解放是一切创新创造的先导，如图 11-8 所示，我甚至认为形成了新的民族 DNA。

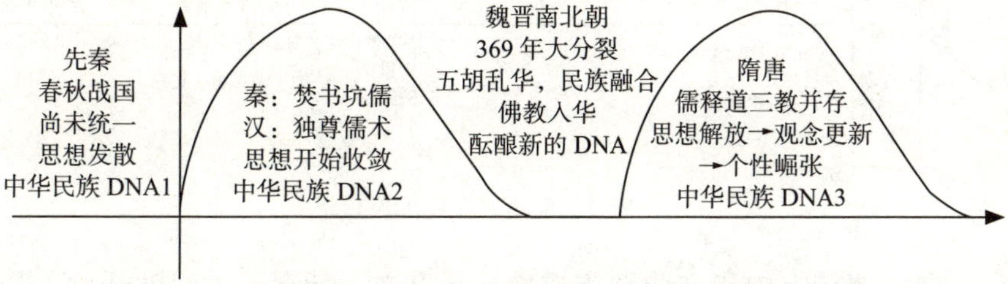

图 11-8　“个体自由”的民族 DNA 的形成过程

余英时先生认为第三次是五代、两宋开始的儒学重建，希望得君行道，通过自上而下的改革，变天下无道为有道；第四次则是明代阳明学说的确立，得君行道无望，于是变自上而下为自下而上的觉民行道。

我个人觉得，第四次突破从程度而言要比前三次当量小得太多，而前三次中，第一、二次是开放，第三次是收敛。而比前三次更重大的突破，则是晚清、民国西学东渐之后的一系列运动，这次才是中华民族脱胎换骨的最大一次突破，其逻辑如“一命”中所述。

尾声

我如是设想，在宇宙大爆炸地球诞生后，经过几十亿年的演进，现代 DNA 的研究证实，到了距今约 20 万年时在非洲出现了人类——我们共同的始祖，然后从非洲出发向全球迁徙，大约三四万年前进入中国境内，这时的全球应有几千个文明在各地各自发展。到了轴心时代，可能是因为北纬 30 度上下的地理环境最适于人类进化，于是，这些进化得更快更好的人中的大宗师做了颠覆性创新，四大文明从几千个文明中脱颖而出，如图 11-9 所示。

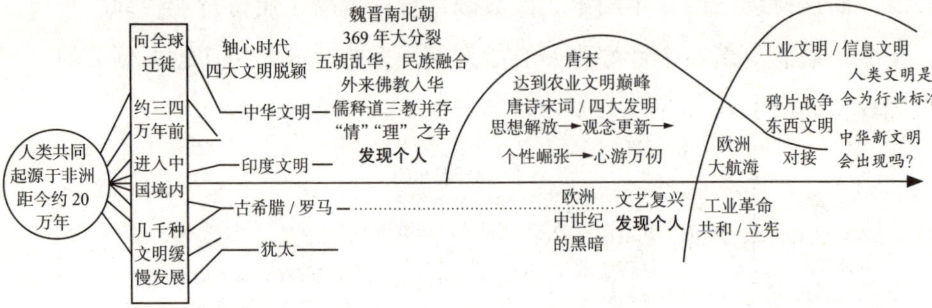

图 11-9　东西方文明的发展

继续演进。中华文明率先成熟，早在 3 世纪至 6 世纪就开始了从一个思想、一个主义的群体秩序到争取个体自由的第二次浩浩荡荡的思想解放运动。人性的充分解放才使得我们的农业文明在公元 7 世纪至 13 世纪的唐宋时代达到了巅峰，物质文明的四大发明中的三项，精神文明的唐诗宋词，以及仅次于诸子百家的第二轮开宗立派量级的学术创新，如“宋初三先生”胡瑗、孙复、石介的传统儒学，王安石的“荆公新学”，“北宋五子”周敦颐、邵雍、张载、程颢、程颐和南宋朱熹为代表的理学，陆九渊的心学，吕祖谦的中原文献学，陈亮、叶适的事功学等。然后盛极而衰，随着蒙元入侵，大黑暗终于降临，至明清，中华文明全面衰落。

此伏彼起。源于古希腊—罗马的西方文明到了 14 世纪至 17 世纪的文艺复兴才正式展开，与中华模式相同，它也是在中世纪一个思想、一个主义一统天下的漫漫黑夜中，几缕创新创造的小曲从文学、艺术领域中率先唱响，登高一呼人文精神，大旗一展人性自由，最终涓涓细曲汇聚成了声势浩大的思想解放运动，从而奏响各行各业波澜壮阔的创新创造大乐章，最后在晚清、民国时西学东渐，登陆中国，东西方文明剧烈撞击。

东西方的历史证明，创新创造大规模爆发的先决条件，是个人自我意识的充分觉醒、个性的自由崛张以及尊重特立独行的社会环境。思想不仅和土地、资金、技术、设备、原材料、人力资源等一样，属于市场要素，一个开放的思想市场更是决定创新创造能否成功、是否可持续、可否大范围的第一要素。

再回本书开篇，双寡竞争格局，唐诗行业李杜之争，杜甫成为行业标准；PC 行业苹果与 IBM 之争，IBM 成为行业标准；当今全球化、互联网时代的东西方文明之争，是否就像人类肇始于共同的非洲祖先一样，最终人类也会归一于独立之精神、自由之思想的"同一个梦想"，而它又发轫于人类文明共同的"行业标准"——民主、科学、自由、法制、公平、正义……的"同一个世界"之中？

跋 诗心圆映三江月，笔阵横扫千人军

——诗歌精神是中华民族扬弃旧我、持续超越的创新元魂

灵心圆映三江月，彩质叠成五色云。

——（唐）李白，《酬宇文少府见赠桃竹书筒》

词源倒流三峡水，笔阵横扫千人军。

——（唐）杜甫，《醉歌行》

仓廪实而知礼节，温饱问题解决后的中华文明在精神领域的第一个创新就是从诗歌发轫，北《诗经》，南楚辞，它先于诸子百家的学术创新，以至于孔子总括：不学诗，无以言。

而诗到唐朝又是中华文明在巅峰时刻的巅峰创新，它使中国最终成为全球唯一的诗国，从那以后，每个华人，海角天涯，历朝历代，不会作诗也会吟，诗成为中华文明的活化石。

更重要的是，诗以言志，诗歌渐融为中华民族的脊梁，演化成中华文明的信仰，成为民族精神薪火相传的象征，且不提历朝历代，就从我读书记事的1976年算起……

“欲悲闻鬼叫，我哭豺狼笑。洒泪祭雄杰，扬眉剑出鞘”。我生长在大学校园，1976年9月入读附小，此前此后就看见父母和周围的叔叔阿姨或诵读或传抄天安门诗歌，一时间，举国人民化悲愤为诗歌，铸诗歌为重剑，发出一个民族埋葬噩梦、迎接新生的第一声啼血……

“走在乡间的小路上，暮归的老牛是我同伴，蓝天佩朵夕阳在胸

膛，缤纷的云彩是晚霞衣裳”。1980 年 9 月我上大学附中，忽如一夜春风来，台湾校园歌曲风靡，首首浪漫的小诗，清澈率真的旋律，让那个年代听惯了主旋律切齿铿锵的我们，发疯般地手抄、传唱……

“卑鄙是卑鄙者的通行证，高尚是高尚者的墓志铭”；“黑夜给了我黑色的眼睛，我却用它寻找光明”。1986 年 9 月我上大学，校园内，朦胧诗盛况空前，与之相伴的是文化热，启蒙了《一代人》用自己的头脑思考、用自己的言语《回答》：我们从此告别愚昧，走向未来……

……

国家不幸诗歌幸，赋到沧桑句便工

每当曲折，每当困顿

每当苦难，每当绝望

诗歌

必定当仁不让，振臂高呼，引领时代，横扫千军

其精神

正是一个民族敢于担当、扬弃旧我的务实精神

正是一个民族自我崛张、心游万仞的创新精神

更是一个民族千年追梦、一意孤行独立之精神、自由之思想的执著精神……

雄关漫道真如铁，长风破浪会有时！

主要参考书目

第 1 章

李维 . 中国诗史 [M]. 江苏：江苏文艺出版社，2008.

程章灿 . 唐诗入门 [M]. 江苏：凤凰出版社，2009.

郑振铎 . 中国文学史 [M]. 北京：团结出版社，2011.

章培恒，骆玉明 . 中国文学史 [M]. 上海：复旦大学出版社，2011.

吉川幸次郎 . 中国诗史 [M]. 上海：复旦大学出版社，2012.

赵翼 . 瓯北诗话 [M]. 江苏：凤凰出版社，2010.

王国维 . 人间词话 [M] 北京：中华书局，2011.

第 2 章

余恕诚 . 唐诗风貌 [M]. 北京：中华书局，2011.

陈光锋 . 互联网思维 [M]. 北京：机械工业出版社，2014.

赵大伟 . 互联网思维独孤九剑 [M]. 北京：机械工业出版社，2014.

凯文 · 凯利 . 技术元素 [M]. 北京：电子工业出版社，2012.

弗朗斯 · 约翰松 . 美第奇效应 [M]. 刘尔铎等译 . 北京：商务印书馆，2006.

傅璇琮 . 唐代科举与文学 [M]. 西安：陕西人民出版社，2007.

第 3 章

程千帆 . 唐代进士行卷与文学 [M]. 湖北：武汉大学出版社，2008.

第 4 章

闻一多 . 唐诗杂论 [M]. 北京：中华书局，2009.

林庚 . 唐诗综论 [M]. 北京：商务印书馆，2013.

刘勰 . 文心雕龙 [M]. 南京：凤凰出版社，2011.

罗纳德 · 科斯，王宁 . 变革中国 [M]. 北京：中信出版社，2013.

王兆鹏等 . 唐诗排行榜 [M]. 北京：中华书局，2011.

第 5 章

陈贻焮 . 唐诗论丛 [M]. 长沙：湖南人民出版社，1980.

第 6 章

严羽 . 沧浪诗话校释 [M]. 北京：人民文学出版社，2012.

缪越 . 诗词散论 [M]. 西安：陕西师范大学出版社，2008.

Saul Berman 等 . 未来企业之路 [M]. 北京：北京大学出版社，2010.

第 7 章

派恩二世，吉尔摩 . 体验经济 [M]. 夏业良等译 . 北京：机械工业出版社，2008.

骆玉明 . 诗里特别有禅 [M]. 杭州：浙江文艺出版社，2013.

沃尔特 · 艾萨克森，史蒂夫 · 乔布斯传 [M]. 北京：中信出版社，2011.

铃木大拙，弗洛姆 . 禅与心理分析 [M]. 海口：海南出版社，2012.

第 8 章

程杰，中国梅花审美文化研究 [M]. 成都：巴蜀书社，2008.

茆家培，李子农 . 谢眺与李白研究 [M]. 北京：人民文学出版，1995.

王琦 . 李太白全集 [M]. 北京：中华书局，2011.

手指孤云，诗仙李白游历过哪些地方 . blog.sina.com.cn/s/blog_4e6dc7230100q7p1.html

第 9 章

朱光潜 . 谈美 [M]. 北京：中华书局，2010.

黄永武 . 中国诗学：设计篇 [M]. 北京：新世界出版社，2012.

第 10 章

陶涛 . 唐诗传播方式研究 [M]. 合肥：安徽大学出版社，2010.

武田信昭，浅谈白居易对日本文学的影响 . www.docin.com/p-7957548.html.

赵以武 . 唐代和诗的演变论略 .《社科纵横》，1994（4）：78~83.

廖立 . 岑嘉州诗笺注 [M]. 北京：中华书局，2004.

第 11 章

王志清 . 唐诗十家精讲 [M]. 北京：商务印书馆，2013.

杨启高 . 唐代诗学 [M]. 长沙：岳麓书社，2011.

罗时进 . 唐诗演进论 [M]. 南京：江苏古籍出版社，2011

宇文所安 . 盛唐诗 [M]. 北京：生活 • 读书 • 新知三联书店，2004.

曹顺庆 . 中西比较诗学 [M]. 北京：中国人民大学出版社，2012.

David Galenson，Old Masters and Young Geniuses: The Two Life Cycles of Artistic Creativity. Princeton University Press，2006.

何俊 . 余英时学术思想文选 [M]. 综述中国思想史上的四次突破 (P561)，上海：上海古籍出版社，2010.